Inhalt

Kapitel 4 Besuchertouren

Kapitel 5 Stadtrandtouren

Vorwort

Saarbrücken hat viele Gesichter. Das liegt unter anderem daran, dass die saarländische Landeshauptstadt im Laufe ihrer Geschichte aus 19 Stadtteilen zusammengewachsen ist, die sich zum Teil wiederum in mehrere Distrikte untergliedern. Jeder dieser Stadtteile und teilweise jeder Distrikt brachte und bringt sein eigenes Gesicht mit. Burbach sieht anders aus als Ensheim, und Ensheim wiederum unterscheidet sich grundlegend vom Nauwieser Viertel. Die Vielfalt ist es, die Saarbrücken so interessant macht, nicht nur für die „Saarbrigger" selbst, sondern auch und gerade für seine Gäste. Hinzu kommt, dass die „Stadt am Fluss" von bewaldeten Hügeln und Bergen umgeben ist.

Saarbrücken lädt dazu ein, „erwandert" zu werden. Dazu schlägt dieses Buch 20 Touren vor, von denen auch zwei über die Banngrenzen hinwegführen, weil diese Gebiete mit der Geschichte und der Geografie Saarbrückens zusammenhängen. Keine dieser Wanderungen gleicht der anderen, jede hat ihren eigenen Reiz.

Gehbehinderte sowie Kinderwagen und Rollstuhlfahrer finden Hinweise, inwieweit die Wanderstrecken ihren Möglichkeiten entsprechen und ob es Alternativen gibt.

An- und Abreisen von den Ausgangs- und Endpunkten der Touren erfolgen am besten mit öffentlichen Verkehrsmitteln. Die Parkmöglichkeiten für Autos sind beschränkt und, ehrlich gesagt, auch teuer. Nicht selten überschreiten die Parkgebühren das Entgelt für das Bus-, Saarbahn- oder Zugticket. Und entspannter sind diese Fahrten auch!

Die angegebenen Gehzeiten sind großzügig bemessen, da wir das, was wir unterwegs sehen, auch auf uns wirken lassen wollen.

Alle Touren sind von mir erwandert worden. Dennoch kann man nicht gewährleisten, dass alle Touren zu jeder Zeit wie beschrieben begangen werden können. Bau-, land-, forst- und wasserwirtschaftliche Maßnahmen sowie das Wetter können zu Änderungen führen.

Ich danke dem Saarbrücker Amt für Grünflächen, dem Saarforst-Landesbetrieb, dem Landesamt für Vermessung, Geoinformation und Landentwicklung sowie den freundlichen Menschen, denen ich unterwegs begegnet bin, für die großzügige Unterstützung, die vielen Anregungen und Tipps und die informativen Gespräche.

Und nun viel Freude beim Lesen, Wandern und Entdecken durch Saarbrücken mit seinen vielen Gesichtern!

Günther Klahm

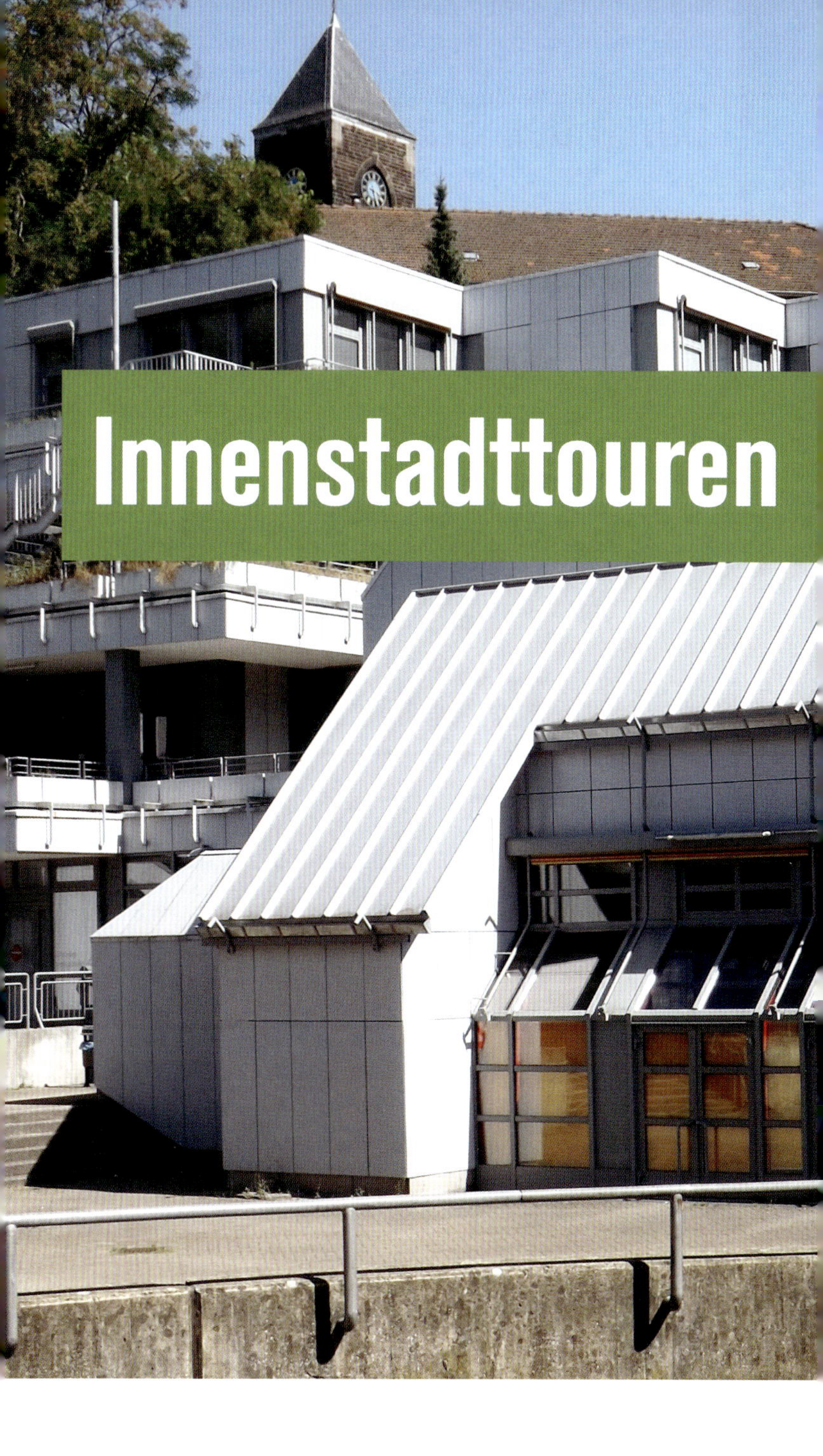

Innenstadttouren

Durch den Staden

Die Tour durch den Staden, eine der großen Grünanlagen Saarbrückens, führt uns von der Alten Brücke immer an der Saar entlang. An der Daarler Brücke verlassen wir den Staden und kehren über die Bismarckstraße, die Straßen „Am Staden“ und „Obere Lauerfahrt“ und wieder über die Bismarckstraße zurück zu unserem Ausgangspunkt, dem Staatstheater.

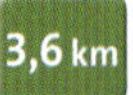

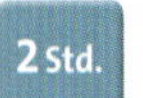

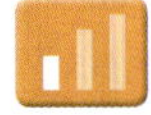
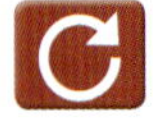

Start u. Ziel:
Staatstheater

Bus/Bahn:
Bus 126 und 128

Wegbeschaffenheit:
ebene, asphaltierte Wege und Straßen mit Ausnahme der Treppen an der Alten Brücke und an der Daarler Brücke.

Wegbeschreibung

Ausgangspunkt und Ziel unserer Tour ist der **Tiflisser Platz** am Staatstheater. Wer mit dem Bus anreist, steigt an der Haltestelle „Schillerplatz“ aus, direkt vor dem Tiflisser Platz. Der Name kommt von der georgischen Partnerstadt Tifliss. Wir werfen einen Blick auf das Staatstheater.

i Das Staatstheater wurde von 1937 bis 1938 nach Entwürfen von Paul Otto August Baumgarten im neoklassizistischen Stil erbaut und inzwischen wegen Kriegs- und Überschwemmungsschäden mehrfach restauriert. Neben klassischen und experimentellen Theaterstücken werden in ihm auch Musik- und Tanztheater, Kleinkunst und Performances aufgeführt.

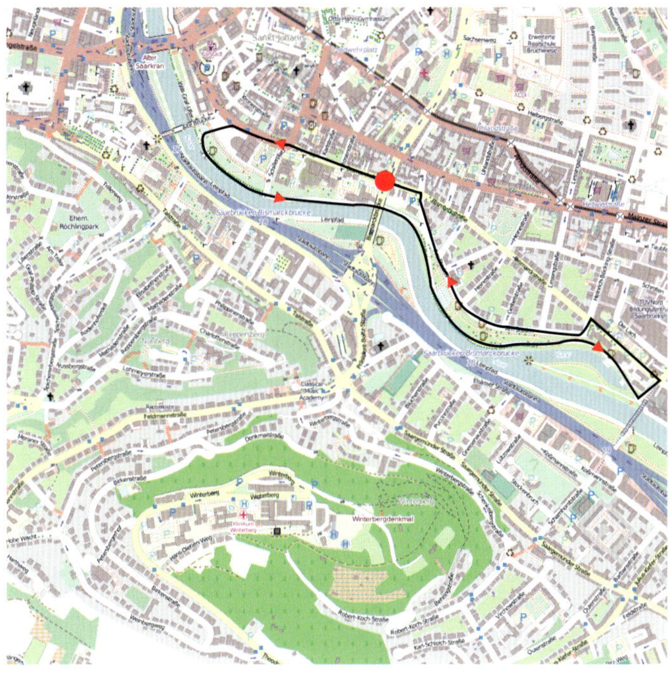

Wir überqueren den **Tiflisser Platz** zur Alten Brücke hin. Dort steigen wir die zehn Treppen hinab und befinden uns schon im vorderen Teil der Grünanlage, auch wenn der eigentliche Staden erst ab der Bismarckbrücke beginnt.

i

Die Staden-Anlage wurde zwischen 1908 und 1910 angelegt. Lange Zeit bis zur Eröffnung des Bürgerparks (siehe Seite 14–19) war sie die einzige Grünanlage in der Innenstadt, die damals wie heute, der Erholung und als Treffpunkt dient.

Kinder können sich hier erst mal auf dem großen Spielplatz austoben. Für ihre erwachsenen Begleiter stehen Sitzbänke unter schattigen Bäumen zur Verfügung. Dann folgen wir dem breiten, asphaltierten Weg saaraufwärts, der links unserer Gehrichtung von zahlreichen Bäumen und Wiesen umsäumt wird. Rechts von uns fließt die Saar.

1

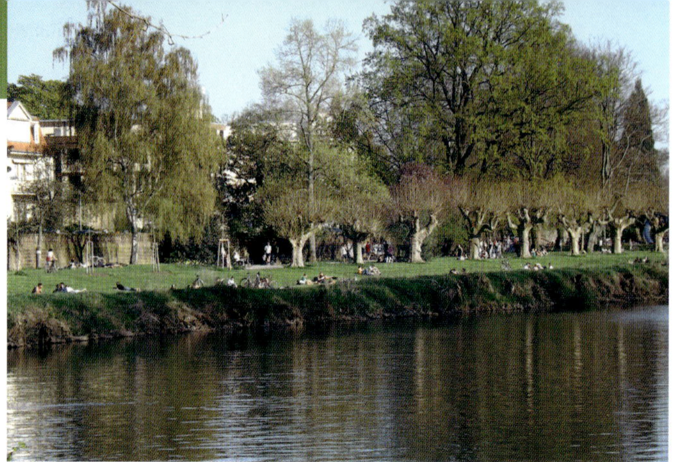

Die Wiesen entlang der Saar mit vielfältigem Baumbestand.

Die Wiesen dürfen zum Ausruhen, Sonnen und Spielen genutzt werden, wovon während der warmen und sonnigen Jahreszeit auch viele Menschen Gebrauch machen. Besonders bemerkenswert ist die Artenvielfalt des Baumbestands. Entlang unseres Weges begegnen uns neben zahlreichen Platanen auch Maulbeer-, Tulpen-, Trompeten-, Eisen-, Mammut- und Götterbäume sowie der Schlangenhautahorn und eichenblättrige Buchen.

Unser Weg ist zwar breit und frei von Autoverkehr, aber er wird auch gerne von Radfahrern und Inline-Skatern genutzt. Gegenseitige Rücksichtnahme ist daher geboten. Das gilt auch für Hundebesitzer, die ihre Vierbeiner angeleint halten und deren Hinterlassenschaften entfernen müssen.

Wir sehen links von uns die Rückseiten des Staatstheaters, der Musikhochschule und der Modernen Galerie. Kurz unterhalb der Bismarckbrücke erhebt sich das Altenwohnheim.

i

Ursprünglich war das Gebäude als Internat mit Schule für die Kinder der Saar-Binnenschiffer gedacht. Nur die ganz Älteren erinnern sich daran, dass bis Anfang der 60er-Jahre auf der Saar von Saarbrücken aufwärts ein reger Schiffsverkehr herrschte. Mehrere Reihen sogenannter „Penichen", so hießen die kleinen Frachtschiffe, die zumeist Steinkohle nach Frankreich brachten, lagen vor dem Staden. Doch das ist längst vorbei. Saaraufwärts fahren heute nur noch Freizeitboote.

Gegenüber der Bismarckbrücke auf dem linken Saarufer hat ein Gastronomiebetrieb mit Palmen und Sandstrandflächen ein Stück Karibik aufgebaut, was an heißen Tagen viele „Kurzurlauber“ anlockt. Man erreicht diese „karibische Insel“ über die Bismarckbrücke, Treppen hinauf, Treppen hinunter.

Wir folgen unserem Weg weiter in Richtung Römerkraftwerk, das nun sichtbar wird. Zu unserer linken Seite lädt der „Ulanenpavillon“ während der warmen Jahreszeit mit Tischen und Bänken auf der Wiese zum Verweilen ein. Hier tummeln sich an heißen Tagen oft Tausende. Wer will und einen Platz findet, kann hier schon einkehren und sich ausruhen. Kinder können sich erneut auf dem großen Spielplatz austoben. Etwa 300 Meter weiter befindet sich das Gasthaus „Undine“ mit seinem Biergarten und seiner Terrasse mit Blick auf den Saaraltarm, der durch eine Saarbegradigung entstanden ist. Das Gasthaus ist von März bis Oktober von 10 bis 22 Uhr geöffnet.

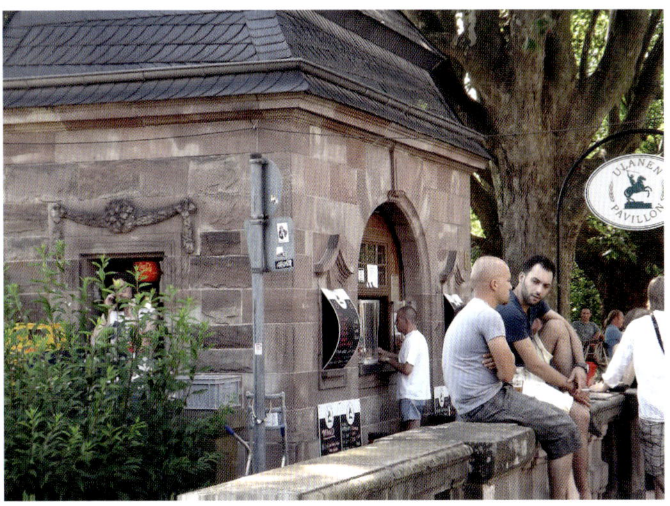

Bei schönem Wetter lädt der Ulanenpavillon zum Verweilen ein.

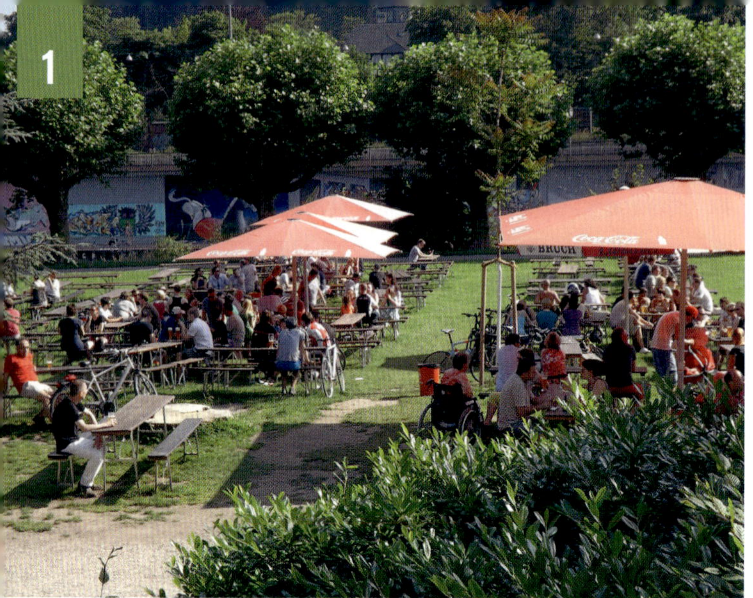

Die Gartenwirtschaft „Ulanenpavillion“

Der „Ulanenpavillon“ hat seinen Namen von dem 7. Ulanenregiment, das zu Kaisers Zeiten in der nahe liegenden Mainzer Straße stationiert war. Die ehemaligen Kasernen werden heute noch von der Polizei genutzt.

Unser Weg folgt nun einem Altarm der Saar, an und auf dem wir viele Wasservögel beobachten können. Kurz vor dessen Ende an der Daarler Brücke biegen wir nach links ab und erreichen die **Bismarckstraße**. Dort biegen wir wieder nach links und nochmals nach links und befinden uns nun in der Straße **Am Staden**. Diese ist einer der schönsten, aber auch teuersten Wohngebietsstraßen von Saarbrücken.

Die dort zwischen 1900 und 1930 errichteten Villen sind wahre Prachtdomizile und von Parkanlagen und altem Baumbestand umgeben. Leider können wir die Villen nur von außen bestaunen.

Wir folgen weiter der Straße „Am Staden“, die an ihrem westlichen Ende unmerklich in die Straße „**Obere Lauerfahrt**“

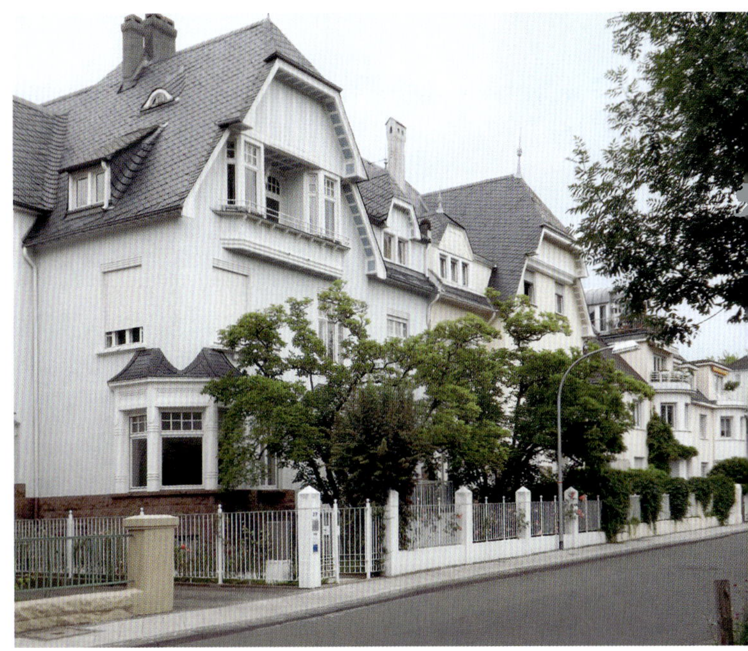

Prächtige Villen in der Straße Am Staden.

übergeht und uns wieder zur **Bismarckstraße** führt. Ihr folgen wir nach links, überqueren an der Fußgängerampel die **Paul-Marien-Straße** und stehen nach wenigen Metern vor der Modernen Galerie. Hier wird Kunst aus dem 19. Jahrhundert bis heute, wie beispielsweise das „Blaue Pferdchen" von Franz Marc, gezeigt. Im nächsten imposanten Gebäude ist die Musikhochschule untergebracht.

i

Die Musikhochschule wurde 1947 gegründet und ist die einzige musikalische Ausbildungsstätte mit international anerkanntem deutschem Musikhochschul-Status. Rund 120 haupt- und nebenberufliche Lehrkräfte unterrichten ca. 400 Studenten in alter Musik über Jazz und Pop bis hin zur zeitgenössischen E-Musik.

Ein paar Schritte weiter erreichen wir wieder unseren Ausgangspunkt, das Staatstheater.

Tour 2

Vom Hauptbahnhof in den Bürgerpark

Vom Hauptbahnhof erleben wir in der St. Johanner Straße Richtung Westspange das pulsierende Leben einer Großstadt. In der Hafenstraße tauchen wir mit dem Bürgerpark in eine grüne Oase der Stille ein. Der Bürgerpark überrascht uns mit naturbelassenen Wiesen, Kastanienhainen, lauschigen Ecken zum Ausruhen und Entspannen, Skulpturen, Skater-Anlage mit Half-Pipe, Bouleplatz und einer breiten, schattigen Allee entlang der Saar.

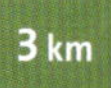

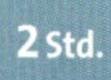

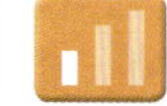

Start u. Ziel:
Hauptbahnhof Saarbrücken

Bus/Bahn:
Zug: aus allen Richtungen/Saarbahn: S 1
Bus: 102, 105, 108, 112, 121,122, 123, 124, 125, 128

Wegbeschaffenheit:
ebene, asphaltierte Wege und Straßen. Für Gehbehinderte sowie Kinderwagen und Rollstuhlfahrer geeignet.

Wegbeschreibung

An der Saarbahn- und Bushaltestelle „Hauptbahnhof" halten wir uns links und folgen auf dem Bürgersteig der **St. Johanner Straße** Richtung **Kreuzung Trierer Straße**. Hier herrscht ein Kommen und Gehen von Personen, Bussen und der Saarbahn. Hier erlebt man das quirlige Leben der Großstadt Saarbrücken. Manchem mag das lästig sein. Doch wie kaum bei einer anderen Tour erfährt man bei dieser geschäftiges Treiben und wohltuende Stille auf so dichtem Raum.

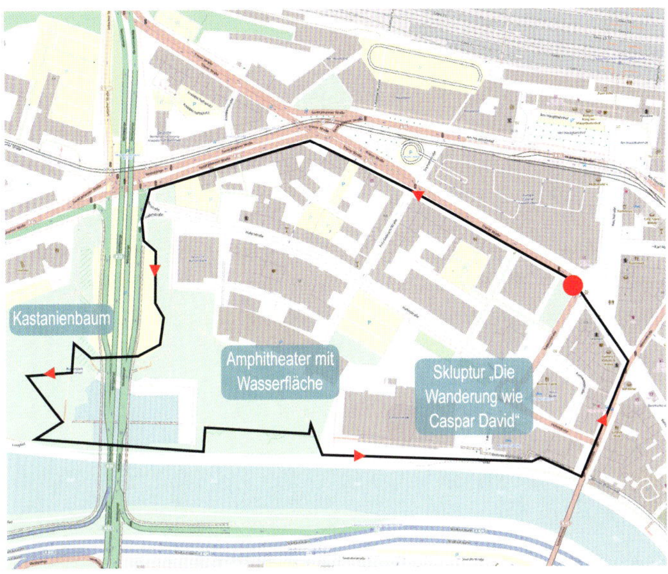

i

Informationen zum Hauptbahnhof finden Sie auf Seite 90 und 91 bei der Tour „Wo Leben und Treiben, Handel und Wandel“ herrschen.

Gleich links vom Hautbahnhof sehen wir das große Gebäude des Postbank Finanz-Centers, das 1993 eröffnet wurde. Zurzeit eingehüllt, steht links von ihm an der Kreuzung mit der Trierer Straße das alte Postgebäude.

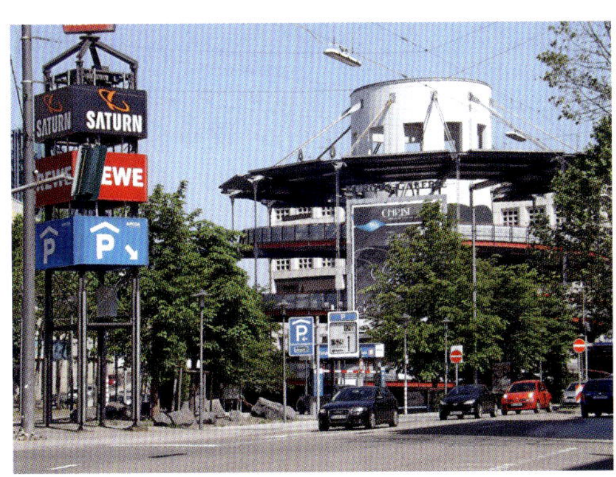

Die Kreuzung St.Johanner-/ Trierer Straße.

i

Das wuchtige, alte Postgebäude wurde 1930 gebaut und steht heute unter Denkmalschutz. Es zierte zurzeit des autonomen Saarlandes in den 50er-Jahren sogar eine 5-Franken-Briefmarke. Das Gebäude verfiel in den folgenden Jahren immer mehr, bis sich ein Investor fand, der es zurzeit gründlich saniert. Danach wird es für mehrere Jahre das Kultus- und Bildungsministerium beherbergen. Dessen ebenfalls unter Denkmalschutz stehendes Gebäude, das sogenannte „Schmale Handtuch" in der Hohenzollernstraße muss nämlich ebenfalls gründlich saniert werden.

Wir überqueren an den Fußgängerampeln die **Trierer Straße**. Während der Wartezeiten bei Rotlicht blicken wir nach rechts und sehen die Kuppel des Europa-Centers. Dann folgen wir der **St. Johanner Straße** bis zur Westspange, dem Autobahnzubringer von der A 623 über die Saar zur A 620. Dort biegen wir links in die **Hafenstraße**, die wir parallel zur Westspange überqueren.

Gegenüber, zwischen dem letzten Gebäude und der Westspange, nimmt uns ein breiter Weg auf, der direkt in den Bürgerpark führt.

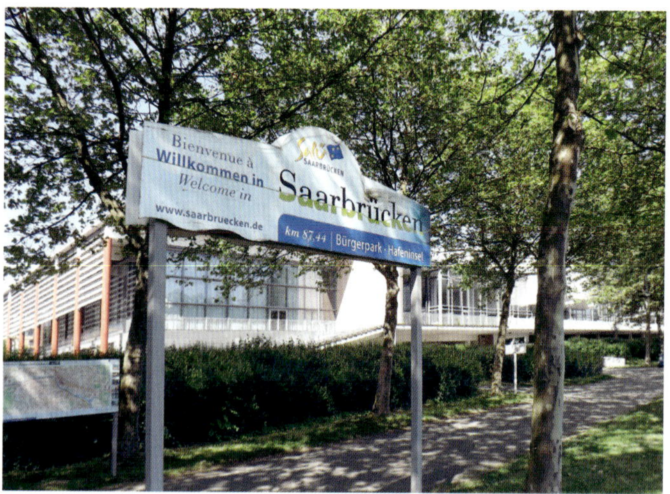

Der Osteingang zum Bürgerpark hinter der Kongresshalle.

i

Der Bürgerpark ist 1989 auf dem Gelände des ehemaligen Kohlenhafens entstanden. Einst befand sich dort ein Altarm der Saar, der von den Saarschiffen, den sogenannten „Penichen", angesteuert wurde, und die dort mit Steinkohle beladen wurden. Bereits in den 50er-Jahren bestanden bei der Stadt Überlegungen, den Altarm zuzuschütten und das Gelände zu einer Grünanlage umzuwidmen. Aber erst in den 80er-Jahren wurden diese Überlegungen in die Tat umgesetzt.

Auf der neun Hektar großen Fläche entstand nach Plänen des Landschaftsarchitekten Peter Latz der Bürgerpark, der alte Elemente wie Stützmauern, Treppen, Wege und Hügel mit neuen verband. Es entstand daraus eine Mischung aus Stadtpark und Landschaftsgarten.

Der Bürgerpark ist das ganze Jahr über kostenlos zugänglich und dient der Freizeit und Erholung der Bürger. Hier finden auch regelmäßig verschiedene kulturelle Veranstaltungen statt.

Wir folgen dem Weg, der auf beiden Seiten von hohen Pappeln gesäumt wird. Der Weg führt über einen Steg, und wir gelangen unmittelbar zu einem „antiken" Wassertor, das uns an ein römisches Amphitheater erinnert.

Zurück am Anfangspunkt des Steges folgen wir dem Weg rechts unter der Westspangenbrücke hindurch. Vor uns breiten sich Wiesen mit sanften Hügeln aus. Sie sind ausdrücklich als Liegewiesen gedacht und laden zum Picknicken und Verweilen ein. Kleine Steinmauern und Gebüschgruppen parzellieren sie. Sie sind entweder über kleine Pfade zu erreichen oder aber über einen breiten Weg, der uns rechts herum an einem Kastanienhain vorbeiführt. Dieser beschattet ein Rondell. Ein weiteres, offenes Rondell dient im Sommer als Freilichtbühne. Der Aufbau mit Terrassen ist dem der römischen Amphitheater nachempfunden.

Das Netz aus breiten Wegen und Trampelpfaden, diese sehr zur Freude der Kinder, führt uns durch den westlichen Teil des Parks zum alten Treidelpfad direkt an der Saar.

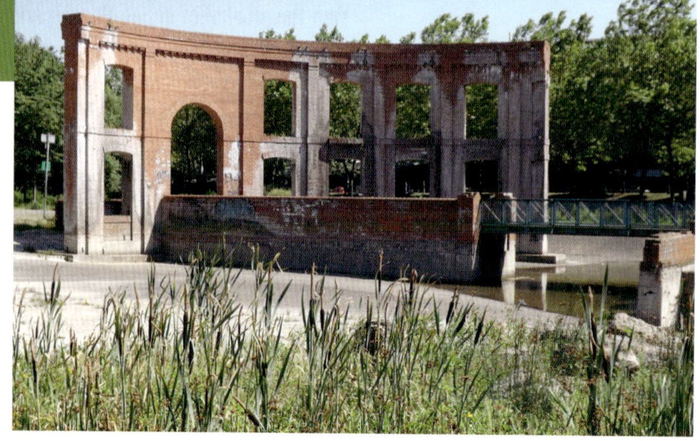

Das Wassertor, einem römischen Amphitheater nachempfunden.

Auf den Treidelpfaden entlang der Saar wurden zunächst von Menschen und Pferden, später von Traktoren, die Schiffe saaraufwärts gezogen („getreidelt"). In den 50er-Jahren wurden jedoch die Schiffe motorisiert, sodass das Treideln seine Bedeutung verlor. Die alten Pfade, eigentlich sind es richtige breite und asphaltierte Wege, wurden teilweise zu Alleen bepflanzt und werden heute gerne als Wander-, Radfahr- und Skaterwege genutzt.

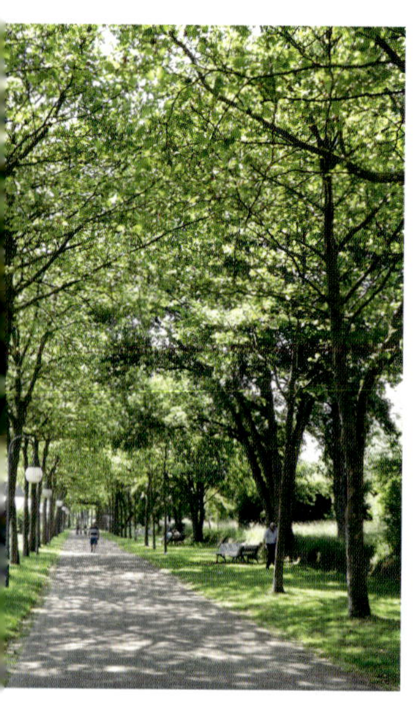

Die Allee entlang des alten Treidelpfades.

Am westlichen Ende des Bürgerparks biegen wir links in den Treidelpfad ein und folgen ihm saaraufwärts bis unter der Westspangenbrücke hindurch. Wir sehen dann das „römische" Wassertor von der Rückseite. Hinter dem Wassertor verlassen wir den Treidelpfad und folgen dem Weg über eine große, mit offenen Rasensteinen besetzte und mit Bäumen bepflanzte Fläche. Links von uns können Skater in der Half-Pipe ihr Können zeigen. Rechts sehen wir eine gusseiserne Skulptur, die den

Namen „Die Wanderung eines Caspar David" trägt.

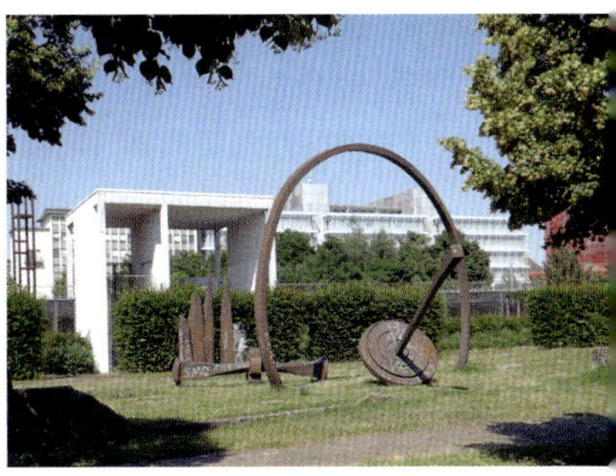

Die Skulptur „Die Wanderung eines Caspar David".

Die Skulptur wurde 1991 von dem französischen Bildhauer Michel Gérad geschaffen. Sie ist vier Meter hoch und besteht aus zwölf Teilen. Mit ihr soll an die Geschichte dieses Ortes als Verladehafen für Steinkohle erinnert werden.

Wir halten uns nun rechts und gelangen durch das Tor in einer Hecke wieder auf den alten Treidelpfad. Vor uns auf der linken Seite scheint durch Bäume hindurch die Rückfront der 1967 erbauten Kongresshalle. Hier finden nicht nur Kongresse statt, sondern auch kulturelle Veranstaltungen. Eine der bekanntesten ist der „Premabüba" (Presse-, Maler-, Bühnenball), eine der größten Fastnachtsveranstaltungen im Saarland.

Wir steigen nun auf den Steg, der uns von der Kongresshalle zur **Viktoriastraße** bringt.

Kinderwagen und Rollstuhlfahrer nehmen die alternative Route vom Treidelpfad an der Kongress-Halle vorbei zur Hafenstraße, von dort aus rechts zur Viktoriastraße.

Wir folgen der **Viktoriastraße** nach links und biegen an der Kreuzung mit der **Bahnhofstraße** (ab hier Fußgängerzone) wieder nach links, bis wir nach etwa 100 Metern rechts auf die **Reichsstraße** stoßen. Vor uns erhebt sich die alte Bergwerksdirektion, die heute in die Europa- Galerie integriert ist (siehe dazu Seite 90 und 91). Die **Reichsstraße** führt uns etwas bergan direkt zu unserem Ausgangspunkt.

Durch das alternative Nauwieser Viertel

Mitten im Stadtteil St. Johann zwischen der Großherzog-Friedrich-Straße, der Dudweiler Straße und Martin-Luther-Straße liegt das Nauwieser Viertel, das wir erkunden wollen. Es gilt als das alternative Saarbrücken – noch! Ein kleiner Abstecher führt uns auf den Rotenbühl zur Pfarrkirche St. Michael und der alten Friedhofshalle sowie zum LVA-Gebäude und zur Wartburg in der Martin-Luther-Straße.

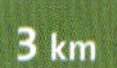

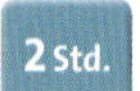

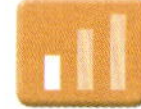
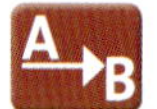

Start:
Landwehrplatz in der Großherzog-Friedrich-Straße

Ziel:
Wattenscheider Straße/Alleestraße

Bus/Bahn:
Hin: 126 und 128, Haltestelle Landwehrplatz
Zurück: 102, 106, 107, 109, 111 und 122, Haltestelle Preußenstraße

Wegbeschaffenheit:
ebene, asphaltierte Straßen und Wege. Ausnahme: Treppenaufstieg zur Pfarrkirche St. Michael. Gehbehinderte sowie Kinderwagen und Rollstuhlfahrer benutzen hier den Umweg über die Kant- und Schumannstraße.

Wegbeschreibung

Wir beginnen unsere Tour am **Landwehrplatz** in der **Großherzog-Friedrich-Straße**. Wo sich heute junge Leute treffen und Kinder spielen, marschierten zu Kaisers Zeiten alle zwei Jahre die Regimenter der Landwehr zum Appell auf, daher auch der Name. Befehligt wurde die Landwehr vom Bezirkskommando, das in dem Gebäude aus gelben Backsteinen rechts neben der Alten Feuerwache seinen Sitz hatte.

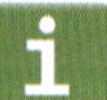

In der Alten Feuerwache links von uns mit ihren drei Türen in Form von Rundbögen war ursprünglich die Feuerwehr von

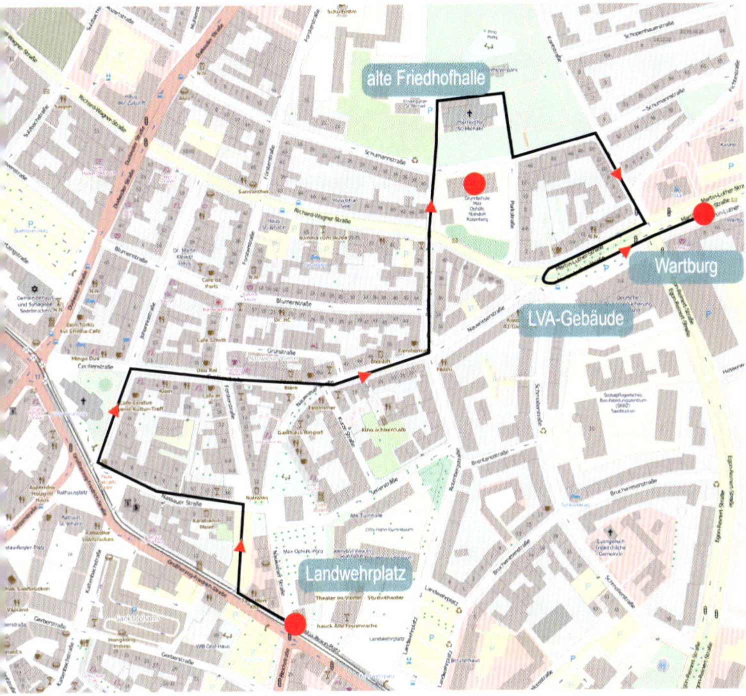

St. Johann untergebracht. Im ersten Geschoss erstreckte sich eine große Turnhalle, worauf heute noch das Turnerkreuz über dem Mittelbogen hinweist. Seit 1982 dient die Alte Feuerwache als „Experimentiertheater" mit einem großen Angebot an Aufführungen.

Vor uns, im rechten Winkel zur Alten Feuerwache, erstreckt sich aus rotem Sandstein das heutige Otto-Hahn-Gymnasium, die frühere Oberrealschule. Das Gebäude wurde von 1901 bis 1903 gebaut, sozusagen als natur-

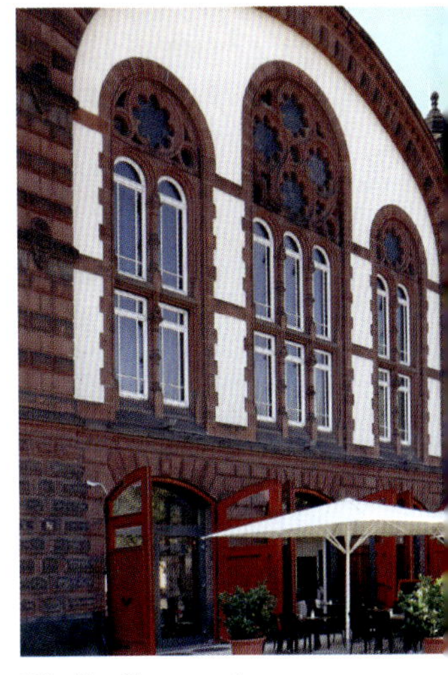

Die Alte Feuerwache.

wissenschaftlicher Gegenpol zum altsprachlichen Ludwigsgymnasium in der Schwesterstadt Alt-Saarbrücken.

Wir folgen der **Großherzog-Friedrich-Straße** nach links über den Max-Braun-Platz und biegen nach wenigen Metern rechts in die **Nauwieser Straße** ein und betreten das andere, das alternative Saarbrücken.

i

Das Nauwieser Viertel ist in der Zeit von 1860 bis 1920 entstanden, wovon die zahlreichen Häuser mit ihren zum großen Teil restaurierten Fassaden aus der Gründerzeit zeugen. Nach dem Zweiten Weltkrieg verfiel das Viertel zunehmend. In den 70er-Jahren wurden die Altbauten – dank der günstigen Mieten – von jungen Leuten, vornehmend Studenten, bewohnt. In den 80er- und 90er-Jahren galt es als „sozialer Brennpunkt" mit Prostitution, Drogen und Beschaffungskriminalität. Mit einem umfassenden Sanierungsprogramm läutete die Stadtverwaltung um die Jahrtausendwende den Wandel ein. Besagte Negativerscheinungen verschwanden zunehmend, viele Häuser wurden restauriert, aber auch die Mieten stiegen.

Dennoch sind die rund 5800 Nauwieser auch heute noch überwiegend junge Leute mit einer eigenen Kultur und einem eignen Lebensstil. Das einstige „Chinesenviertel", so der Volksmund, obwohl hier früher keine Chinesen wohnten, wandelt sich in einen „hippen In-Kiez".

Kontrastreicher könnte das Bild nicht sein, das sich vor und neben uns bietet! Und das nicht nur wegen des Licht- und Schattenspiels, das die Platanen rechts von uns während der Vegetationszeit verbreiten.

Da baut sich rechts von uns die heutige Musikschule in einem klassizistischen Gebäude auf, das einst eine Schule für evangelische und katholische Kinder, aber durch eine Tür im Treppenhaus getrennt war.

Links von uns ein Bordell, vor dem die Damen auch tagsüber ihre Dienste anbieten! „Die Bordelle im Nauwieser Viertel haben Bestandsschutz“, beschloss der Saarbrücker Stadtrat 2010. Neue werden aber nicht mehr zugelassen. Die Nauwieser stört das überhaupt nicht. Man kommt „metnanner langs“ (miteinander aus), „läwwe unn läwwe losse“ (leben und leben lassen), heißt hier die Devise.

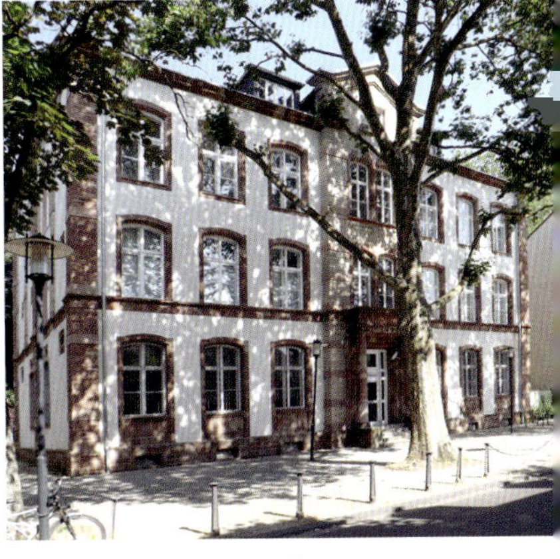

Die Musikschule ist in einem klassizistischen Gebäude untergebracht.

Neben der Musikschule erstreckt sich der Nauwieser Platz, der heute **Max-Ophüls-Platz** heißt.

Max Ophüls wurde 1902 in Saarbrücken geboren und wuchs im Nauwieser Viertel auf. Er war ein bedeutender Filmautor sowie ein Bühnen- und Filmregisseur. Zu seinen Ehren finden jedes Jahr das Max-Ophüls-Filmfestival“ statt, bei dem die besten Nachwuchsfilme prämiert werden.

Dem Max-Ophüls-Platz schließt sich ein großer Kinderspielplatz an. Während die Kleinen spielen, haben die Eltern während der warmen Jahreszeit reichlich Gelegenheit, von einem der zahlreichen Straßencafés dem Treiben des Nachwuchses zuzuschauen. Es geht dort bei Jungen und Junggebliebenen multikulturell zu, und auch Ältere werden nicht ausgeschlossen. Man versteht sich so oder so, Sprache und Herkunft spielen keine Rolle.

Im Nauwieser Viertel ist das Du ohnehin die übliche Anrede. Kontakte und Gespräche ergeben sich schnell in und vor den Kneipen, Straßencafés, Restaurants und Läden, die überwiegend nicht den großen Ketten angehören.

Wir biegen nach links in die **Nassauer Straße**, die nach etwa 100 Metern auf die **Johannesstraße** stößt und die wiederum auf die **Großherzog-Friedrich-Straße**.

Links von uns erstreckt sich nun das Saarbrücker Rathaus (siehe Seite 94), direkt vor uns die Rückseite der Johanneskirche (siehe Seite 93). Ihr kleiner Pfarrgarten zwischen **Johannesstraße** und **Cecilienstraße** lädt zur Rast und Besinnung ein.

Über die **Johannesstraße** biegen wir rechts in die **Cecilienstraße** ein. Wie im gesamten Viertel fallen die restaurierten Häuserfassaden aus der Gründerzeit auf. Langweilig wird es uns nicht! Die Fassaden wechseln ebenso wie Kneipen, Cafés und Läden. Es gibt immer etwas Neues zu entdecken.

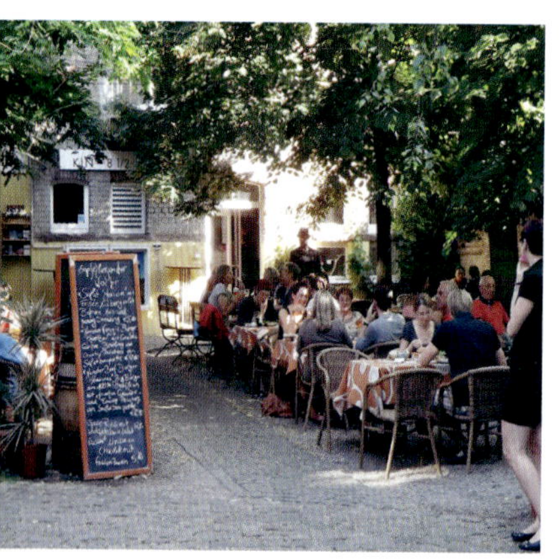

Der Kultur- und Werkhof „Nauwieser 19".

Die **Cecilienstraße** stößt nach der Kreuzung mit der **Försterstraße** wieder auf die **Nauwieser Straße**, der wir jetzt wieder folgen. Übrigens: Es lohnt sich auch, mal durch eine offene Einfahrt in die Hinterhöfe zu schauen. Manche Balkone zeugen durch ihre Gestaltung und Blumenzier von der Eigenart und dem besonderen Geschmack ihrer Besitzer.

Im „Nauwieser 19" befindet sich der Kultur- und Werkhof, dem wir einen Besuch abstatten.

i

Im Kultur- und Werkhof haben sich zurzeit 13 Handwerksbetriebe, Geschäfte und soziale, kulturelle Einrichtungen zusammengeschlossen. Trägerverein ist der „Nauwieser 19" (eigene Schreibweise!). Unter ihnen befinden sich karitative Vereine wie die Aids-Hilfe Saar und der Frauennotruf, Künstlerwerkstätten und

-ateliers, Theater und Kino, ein Fahrradladen und ein Café mit von Bäumen beschattetem Außenbereich im Innenhof. Das Gebäude wurde 1906 gebaut, gründlich restauriert und 1990 als Kultur- und Werkhof eröffnet. Er bietet zurzeit 50 Arbeitsplätze.

Wir gehen die **Nauwieser Straße** vor bis zur Kreuzung mit der **Rotenbergstraße**. Von hier aus blicken wir nochmals rechts vor uns auf die restaurierten Gebäude aus der Jugendstilzeit. Wir biegen nach links in die **Rotenbergstraße**, überqueren die **Richard-Wagner-Straße** und steigen die **Rotenbergtreppe** hinauf. Dabei überqueren wir die **Schumannstraße**. Vor uns erhebt sich rechts die katholische Pfarrkirche St. Michael mit ihren beiden wuchtigen Türmen und ihrem Schutzpatron über dem Portal.

Rechts neben der Kirche gelangen wir in den Echelmeyer-Park, wo wir nach dem bunten Treiben unten im Nauwieser Viertel unter Bäumen die Ruhe genießen.

i

Der Echelmeyer-Park war im 19. Jahrhundert ein Friedhof. Ein Denkmal erinnert heute noch an die im Deutsch-Französischen Krieg bei der Schlacht am Spicherer Berg (siehe Seite 77–82) gefallenen deutschen Soldaten. Die ehemalige Friedhofshalle am nördlichen Rand des Parks wurde 1846 im klassizistischen Stil errichtet und dient heute kulturellen Zwecken.

Vom Park aus gehen wir wieder zurück auf die **Schumannstraße** und folgen ihr nach rechts bis zur Einmündung in die **Kantstraße**. Diese führt uns bergab zur **Martin-Luther-Straße**. Wir überqueren diese auf dem

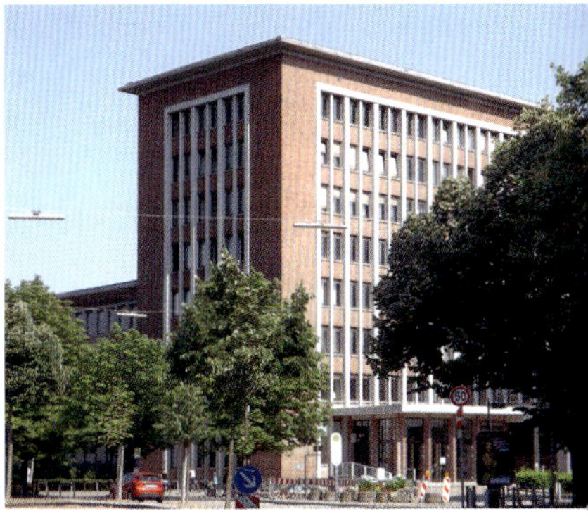

Das LVA-Gebäude in der Martin-Luther-Straße.

3

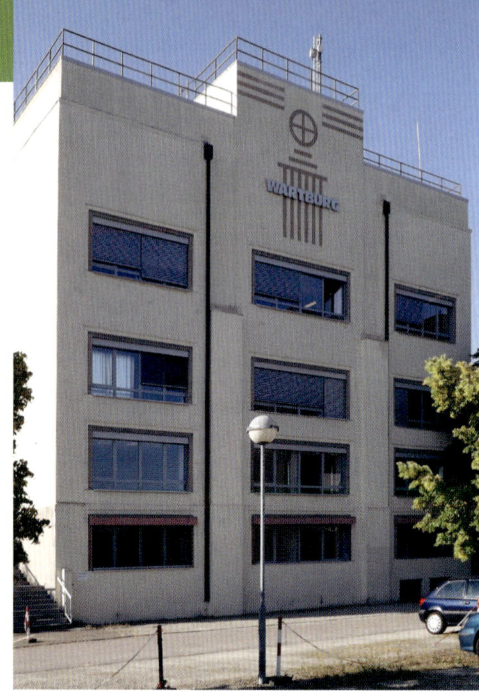

Die Wartburg, wo 1935 die Stimmen der ersten Saarabstimmung ausgezählt wurden.

Fußgängerüberweg und stehen vor dem großen roten Backsteingebäude der Landesversicherungsanstalt Saar. Das „LVA-Gebäude", wie es die Saarländer nennen, war das erste große Gebäude, das nach dem Zweiten Weltkrieg im Saarland gebaut wurde.

Vom LVA-Gebäude aus folgen wir der **Martin-Luther-Straße** nach links, überqueren die **Egon-Reinert-Straße** und gelangen zur Wartburg.

i

Das wuchtige und ursprünglich aus rotem Sandstein polierte Gebäude wurde 1928 als Gemeindehaus der evangelischen Kirchengemeinde St. Johann errichtet und sollte auch an die von Martin Luther bewohnte Wartburg bei Eisenach erinnern. Historische Bedeutung bekam sie am 13. Januar 1935, als hier die Stimmen der ersten Saarabstimmung ausgezählt wurden. Heute erinnert noch eine Tafel am Eingang des inzwischen gründlich renovierten Gebäudes daran.

Trepp enuff, Trepp enunner – Auf Treppen über den Nussberg

Über mehrere Treppen und Hunderte von Stufen erklimmen wir den Nussberg, eine 269,9 Meter hohe Erhebung im Süden Saarbrückens. Unsere Tour ist zwar nicht allzu lang, dafür durch das viele Treppensteigen aber anstrengend. Wanderer mit guter Kondition erwartet ein anspruchsvoller Aufstieg über von Bäumen beschattete Treppen und als Höhepunkt eine herrliche Aussicht vom Nussberg-Denkmal aus über den westlichen Teil von Saarbrücken.

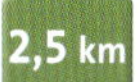

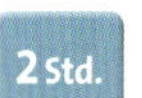

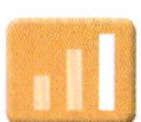
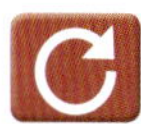

Start:
Himmelsleiter in der Talstraße

Ziel:
Kreuzung Feldmannstraße/Talstraße/Saargemünder Straße

Bus/Bahn:
Bus: 105, 108, 121, Ausstieg Hardenbergstraße, Einstieg Feldmannstraße

Wegbeschaffenheit:
asphaltierte Straßen und Bürgersteige, steile Steintreppen mit Geländer. Für Gehbehinderte sowie Kinderwagen und Rollstuhlfahrer ist sie nicht geeignet, ebenso wenig für solche, die Probleme mit dem Herz und Kreislauf haben oder kurzatmig sind.

Wegbeschreibung

Wir stehen in der **Talstraße** gegenüber der Bushaltestelle „Hardenbergstraße“ und blicken schon mal den Berg hinauf. Fürwahr: Diese Treppe hat ihren Namen **„Himmelsleiter“** zu Recht! Über 176 Stufen führt sie uns in die **Philippinenstraße**, von der wir nur den Himmel sehen. Nomen est omen! Wir holen tief Luft und auf geht's! Stufe für Stufe! Ein Glück, dass hohe Bäume Schatten spenden!

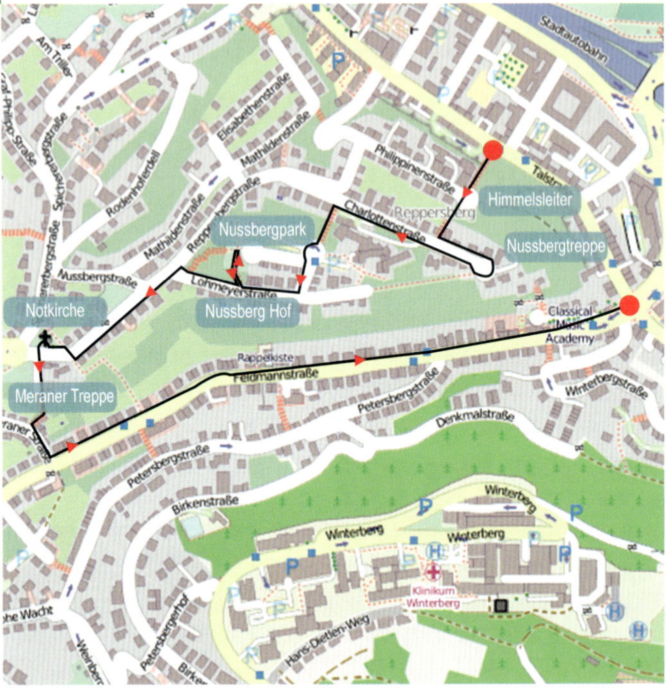

Endlich haben wir es geschafft, und ein Verschnaufpäuschen ist uns gegönnt. Doch im Himmel sind wir noch lange nicht. Wir halten uns links und erklimmen entlang eines Waldparks 77 weitere Stufen, bis wir auf die **Charlottenstraße** treffen. Nun haben wir am Ende der **Charlottenstraße** den 245,3 Meter hohen Gipfel des Reppersberg erreicht.

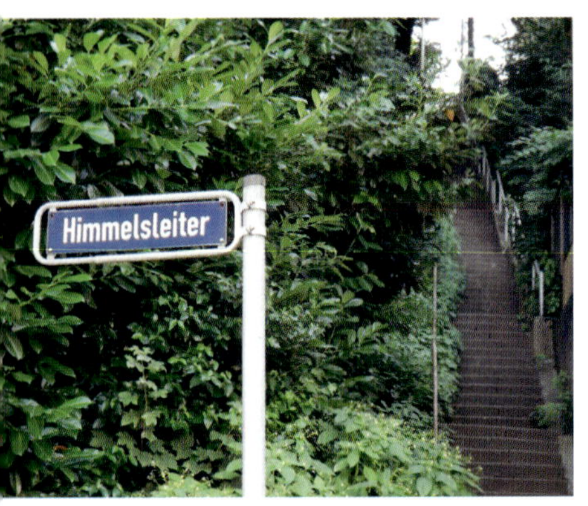

176 Stufen führen die „Himmelsleiter“ hinauf.

Wieder eine kleine Verschnaufpause und eine halbe Drehung nach rechts, nehmen wir die **Charlottenstraße** zurück, bis wir links an der **Nussbergtreppe** stehen. Die 72 Stufen hoch zur **Nussbergstraße** schaffen wir auch noch. Wir stoßen dort zunächst auf einen Kreisel. Links von uns sehen wir einen großen Park mit dem „Altenwohnstift Reppersberg".

i

Hier befand sich bis Ende der 60er-Jahre des vorigen Jahrhunderts das „Bürgerhospital Reppersberg". Dieses wurde aufgelöst und in das neu eingerichtete Winterberg-Klinikum integriert (siehe Seite 120).

Vom Kreisel aus laufen wir auf der **Nussbergstraße** vor, bis wir nach wenigen Metern auf die **Lohmeyerstraße** stoßen, in die wir rechts einbiegen und der wir bis zum Nussberger Hof folgen. Er befindet sich links von uns, gegenüber dem Nussbergpark.

i

Der Nussberger Hof wurde ab 1906 nach Vorentwürfen des Saarbrücker Kunsthistorikers Karl Lohmeyer durch den königlichen Landbauinspektor Hüter als Wohnsitz der Familie Lohmeyer gebaut. Zu dem Anwesen gehört auch ein barock ausgestatteter Terrassengarten.

Karl Lohmeyer, der als Wiederentdecker Friedrich Joachim Stengels gilt und alle Sagen der Saar gesammelt und veröffentlicht hat, wohnte hier bis zu seinem Tod am 8. November 1957.

Wenn wir schon die vielen Treppen bis hierher geschafft haben, nehmen wir die letzten etwa 20 bis hoch zum Nussberg-Park mit Leichtigkeit. Vor uns breitet sich, umgeben von hohen Nuss- und Kastanienbäumen, ein Park mit offener Wiese und einem Denkmal an seinem Ende aus. Ruhebänke laden in dieser Oase der Stille zur Rast und Ruhe ein.

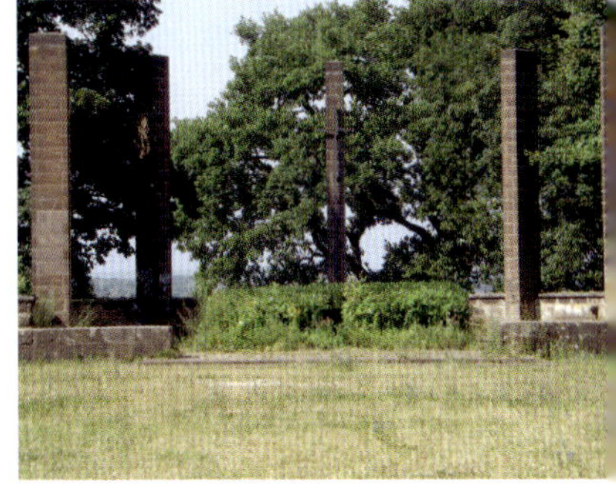

Das Nussberg-Denkmal wurde 1925 zum Gedenken an die Opfer des Ersten Weltkrieges errichtet.

4

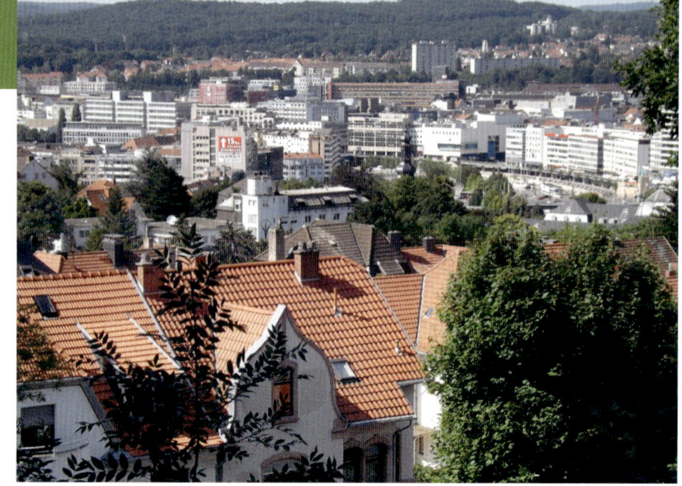

Blick vom Nussberg über Saarbrücken nach Westen.

i

Fürst Wilhelm Heinrich schenkte den 266,9 Meter hohen Nussberg 1762 seiner Stadt Saarbrücken. 1925 wurde auf ihm das Denkmal zu Ehren der Toten des Ersten Weltkrieges errichtet, wobei die fünf Säulen die fünf Kriegsjahre 1914 bis 1918 darstellen. Nach dem Zweiten Weltkrieg wurde die Bedeutung dieses Denkmals auch auf die Toten dieses Krieges ausgeweitet.

Vom Denkmal aus genießen wir auch die schöne Aussicht in Richtung Westen über das Banken- und Geschäftsviertel von Saarbrücken, die Saar und die Berliner Promenade.

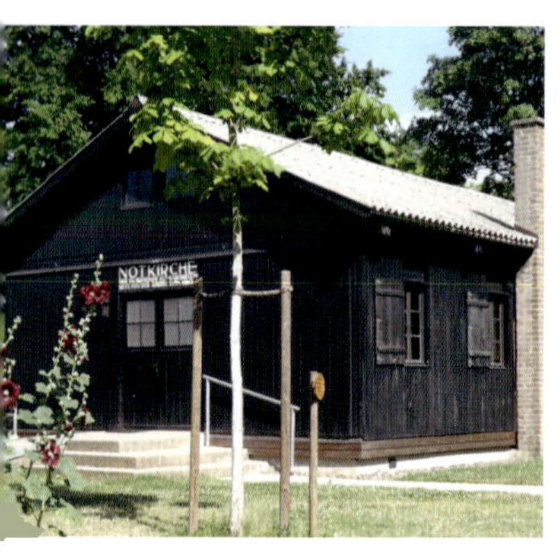

Die Notkirche steht unter Denkmalschutz.

Wir verlassen den Park wieder in Richtung **Lohmeyerstraße**. Nachdem wir die Treppen zur **Lohmeyerstraße** herabgestiegen sind, halten wir uns rechts. An der Kreuzung **Lohmeyerstraße/Reppersberg-Straße** folgen wir dieser nach links, bis sie in einen Kreisel einmündet. Dort steht rechts von uns auf einer Freifläche die Notkirche Saarbrücken.

i

Die „Notkirche am 40er Grab“, so ihr offizieller Name, ist eine evangelische Kirche und steht unter Denkmalschutz. Ihren Namen hat sie von dem Grab dreier preußischer Soldaten des Hohenzollerschen Füsilier-Regimentes Nr. 40 erhalten. Diese sind im Deutsch-Französischen Krieg am 2. August 1870 gefallen und wurden von den Franzosen hier bestattet. Eine Steinplatte östlich des Eingangs zur Kirche erinnert noch heute an sie.

Die Kirche selbst wurde während des Zweiten Weltkrieges als Militärbaracke in der Schweiz gebaut. Da während des Krieges in Saarbrücken viele Kirchen zerstört worden waren, schenkte die amerikanisch-lutherische Kirche die „Holzbaracken-Kapelle No. 9“ 1946 der evangelischen Kirchengemeinde Saarbrücken. 1946 wurde sie eingeweiht und von 2006 bis 2008 saniert und renoviert. Sie ist heute eine der wenigen Barackenkirchen Deutschlands, die noch erhalten und kirchlich genutzt werden.

Gegenüber der Notkirche kurz vor der Einmündung der **Reppersberg-Straße** in den Kreisel führt uns die **Meraner Treppe**, von hohen Bäumen beschattet, abwärts in die **Meraner Straße**. Wir steigen sie hinab, bis sie am Treppenfuß links in die **Feldmannstraße** einmündet. Hier halten wir uns wieder links und gehen die Feldmannstraße abwärts, bis wir nach etwa einem Kilometer auf die **Saargemünder Straße** stoßen.

Unterwegs bewundern wir die prächtigen Villen, einige davon aus der Zeit um die Wende vom 19. zum 20. Jahrhundert. Wir freuen uns, dass wir die schweißtreibende Tour geschafft haben. So manchem Einheimischen kommt das Lied des Saarbrücker Kabarettisten, Musikers und Rundfunkmoderators Jürgen Albers, über die Lippen: „Trepp enuff, Trepp enunner, unn es Kreiz werd immer krummer.“ Doch die eventuellen Kreuz- und Wadenschmerzen sind angesichts unseres Stolzes es geschafft zu haben bald wieder vergessen.

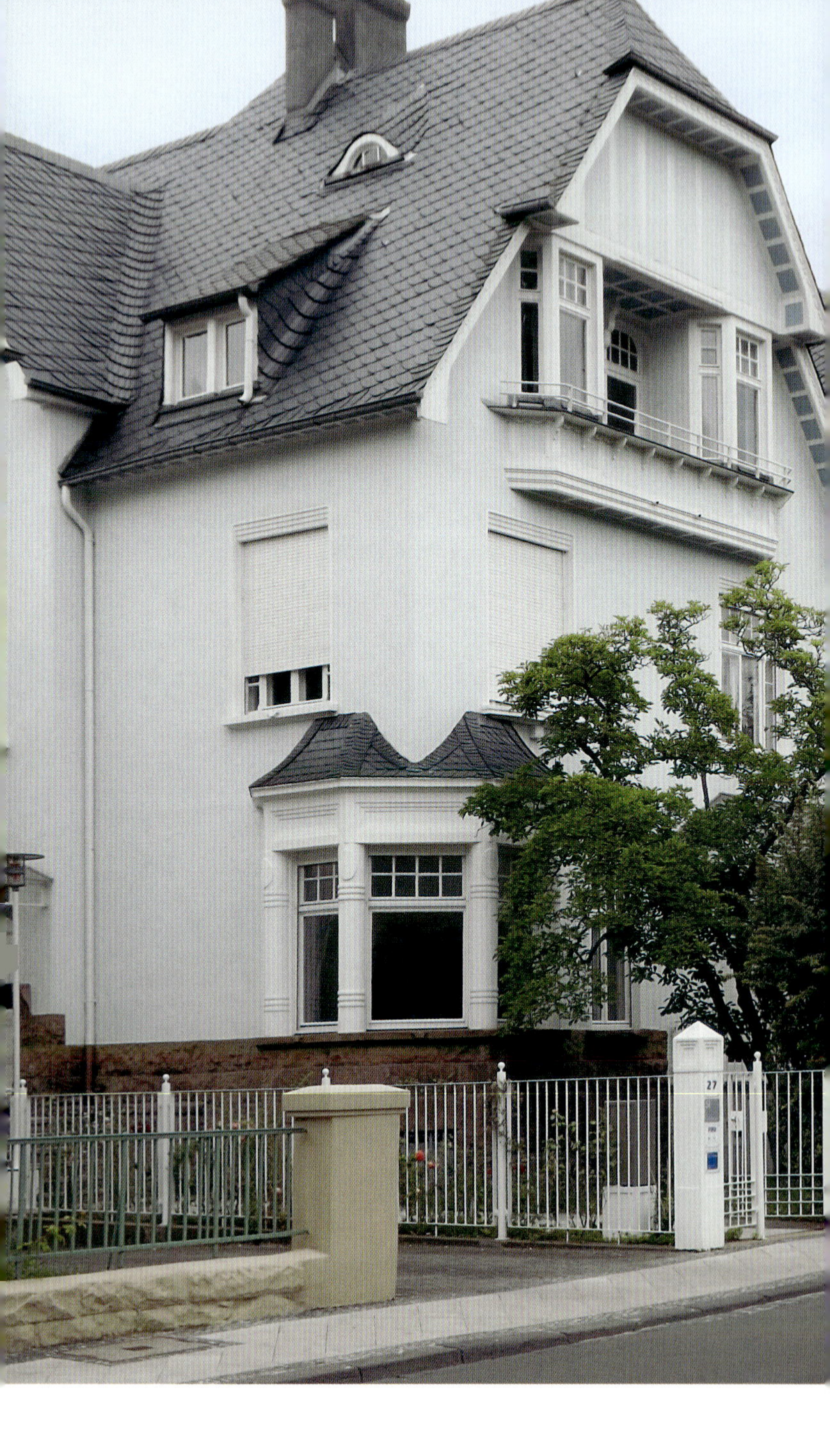
27

Stadtteiltouren

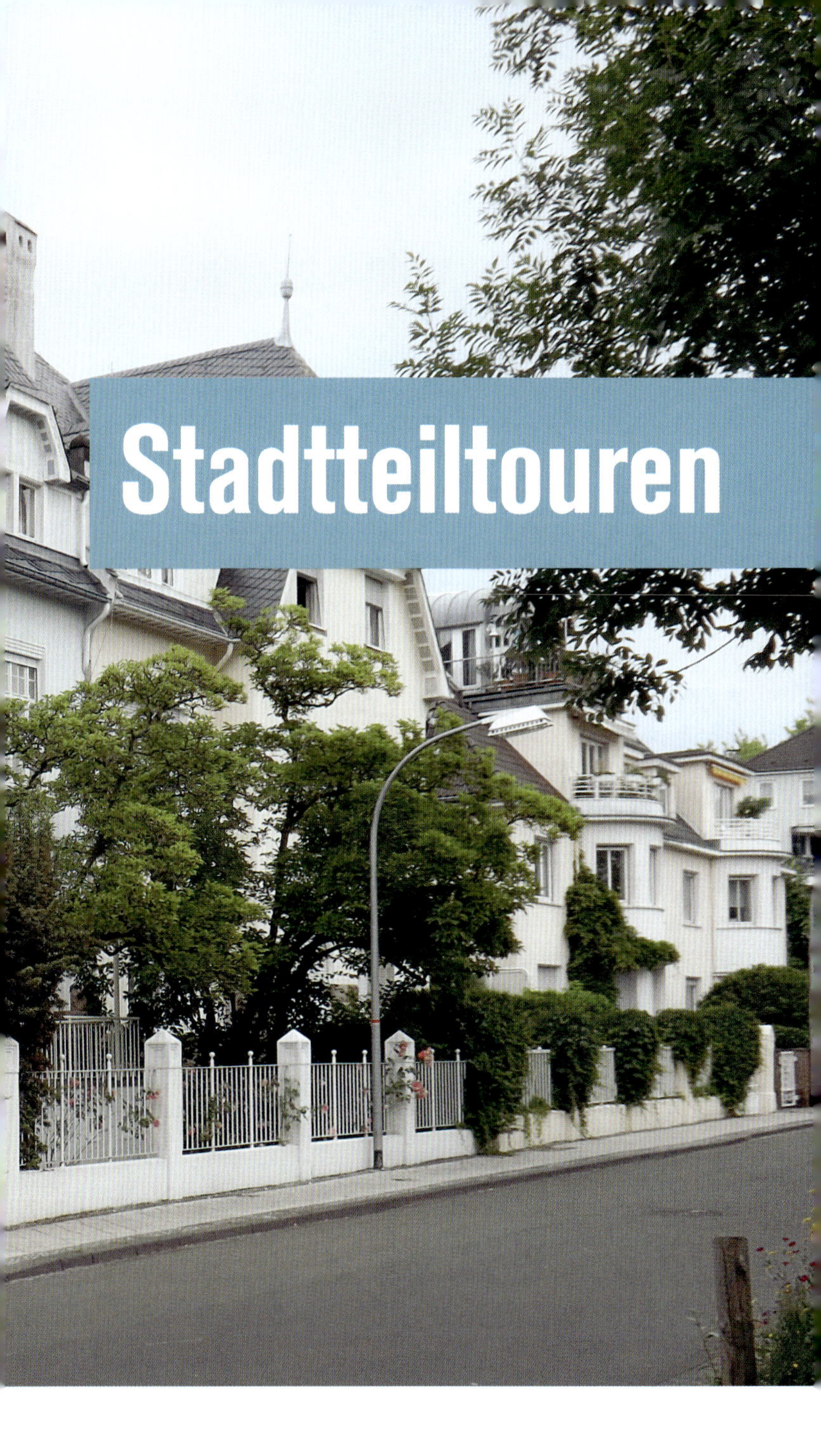

Ein Stück Bayern in Saarbrücken

Über Eschringen und Ensheim ins Ensheimer Gelösch

Wir reisen mit dem Auto oder Bus über Eschringen und Ensheim bis zum Flughafen Saarbrücken (mit dem Bus) bzw. bis zum Waldparkplatz unterhalb des Waldhauses (mit dem Auto). Unser Wanderweg, der stellenweise dem Ensheimer Brunnenweg folgt, führt uns das Wogbachtal hinauf. Da unterwegs mehrere Querverbindungen bestehen, kann man ihn in seiner Gesamtlänge über 15 Kilometer erwandern oder etwa zur Hälfte über etwa sieben Kilometer.

Mit Rücksicht auf Gehbehinderte sowie Kinderwagen und Rollstuhlfahrer ist unser Weg nicht auf der gesamten Strecke mit dem Brunnenweg identisch, und wir laufen im Uhrzeigersinn an mehreren Brunnen und Weihern vorbei durch einen artenreichen und schattigen Laubmisch-Hochwald. Holzbänke laden zur Rast ein.

15,3 km

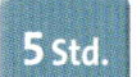

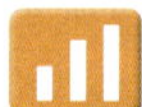

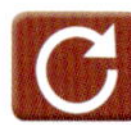

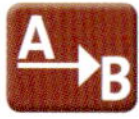

Start u. Ziel:
Bushaltestelle Flughafen oder Waldparkplatz

Bus/Bahn:
Bus: 120 mit Umstieg an Haltestelle „Industriestraße" in Ensheim in R 10 der RSW Regionalbus Saar-Westpfalz

Wegbeschaffenheit:
asphaltierte Nebenstraßen und überwiegend befestigte Waldwege

Länge der Tour:
von Bushaltestelle bis Luitpoldbrunnen als Streckenwanderung 3,5 km, hin und zurück 7 km, vom Waldparkplatz bis Luitpoldbrunnen als Streckenwanderung 2 km, hin und zurück 4 km
Rundweg Waldparkplatz – Luitpoldbrunnen – Waldparkplatz: 4 km
Rundweg Brunnenweg gesamt: 15,3 km

Gehzeit in h:
zwischen 2,5 und 5 Stunden je nach Wegstrecke

Kategorie:
leicht bis mittelschwer; obere Wegstrecke vom Luitpoldbrunnen über Staffel schwer.

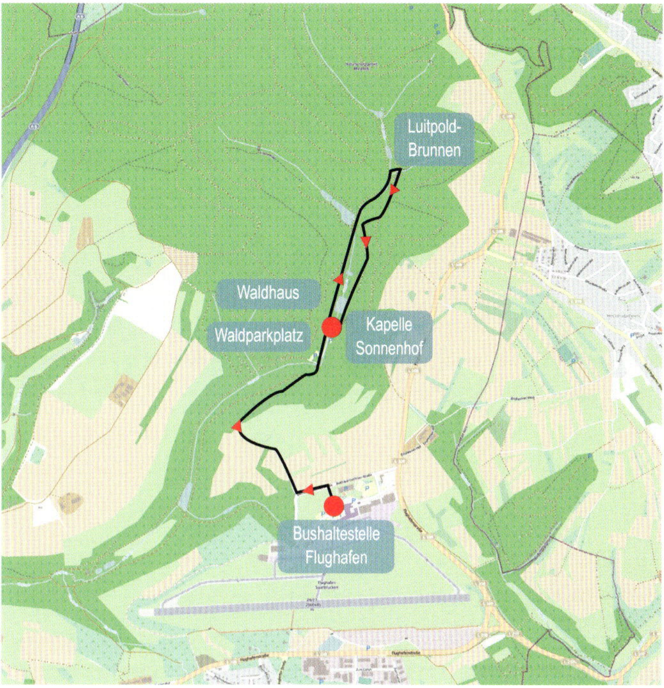

Wegbeschreibung

Wir reisen mit dem Auto oder dem Bus, Linie 120, über Eschringen und Ensheim an und glauben in Bayern zu sein: Zwiebeltürme auf den Pfarrkirchen St. Laurentius und gleich zwei auf St. Peter, dazu ländliche, offene, leicht hügelige Landschaft mit Wiesen, Feldern und Streuobstwiesen - ein ganz anderes Bild als wir es von Saarbrücken gewohnt sind. Und so abwegig ist die Annahme gar nicht, denn das war einmal Bayern!

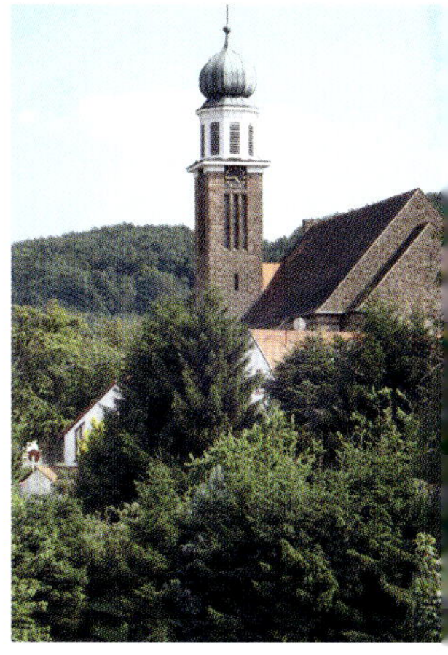

Die Pfarrkirche St. Laurentius in Eschringen.

i

Von 1815 bis 1920 gehörten Eschringen und Ensheim zum Königreich Bayern, Saarbrücken dagegen zum Königreich Preußen. Bis zur kommunalen Gebiets- und Verwaltungsreform am 1. Januar 1974 waren die damals selbstständigen Gemeinden Teil des Landkreises St. Ingbert. Dann wurden sie nach Saarbrücken eingemeindet. Nur bei den Kirchen beider Konfessionen blieb es bis heute bei der alten Zugehörigkeit zu Speyer in der ehemals bayerischen Pfalz.

Über die L 108 umrunden wir das Flughafengelände, biegen links in die **Balthasar-Goldstein-Straße** ein und werfen einen Blick auf den Flughafen Saarbrücken.

i

Der Flughafen Saarbrücken findet sich seit 1955 auf der Höhe bei Ensheim. Er verfügt über eine 1990 Meter lange und 45 Meter breite Landebahn. Jährlich nutzen ihn rund 500 000 Fluggäste. Flugziele sind u. a. Berlin, Hamburg, Luxemburg, Palma de Mallorca und Antalya.

Ob zu Fuß oder mit dem Auto folgen wir der Balthasar-Goldstein-Straße bis zur Linkskurve und biegen dort in die asphaltierte Straße rechts ein. Von da aus blicken wir über die offene Landschaft des Bliesgaus hinunter ins Ensheimer Tal, auch Ensheimer Gelösch genannt, mit seinen ausgedehnten Mischwäldern.

i

Die unterschiedlichen Landschaftsbilder und Bewirtschaftungsformen, oben Landwirtschaft, unten Forstwirtschaft, fußen auf zwei geologischen Erdzeitaltern aus dem Trias (250 bis 201 Millionen Jahre): hier oben der Muschelkalk, darunter der Buntsandstein. Wir überschreiten die Grenze, sobald wir die Straße runter in den Wald eintreten bzw. fahren.

Vom Waldparkplatz aus wandern wir nun das Wogbachtal hinauf. Nur wenige Meter rechts von uns oberhalb des Sonnenhofes liegt versteckt unter Fichten eine kleine Kapelle. Sie ist eingezäunt, aber für jedermann zugänglich, man muss nur das eingehängte Holztürchen öffnen. In dieser Kapelle halten Gläubige Andacht und beten zu Maria.

Gleich oberhalb des Kapellen-Grundstücks weisen ein großer Findling und eine Tafel darauf hin, dem Brunnenweg nach rechts zu folgen. Wir aber bleiben auf dem Hauptweg und gehen geradeaus. Links von uns steht auf einer Anhöhe das dem bayerischen Stil nachempfundene Waldhaus, eine Ausflugsgaststätte. Gleich oberhalb des Waldhauses links plätschert uns der erste Brunnen entgegen. Es ist der Soldatenbrunnen, dem unbekannten Soldaten gewidmet.

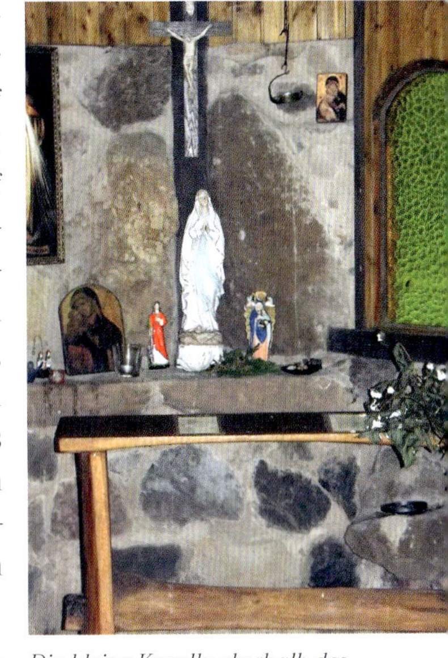

Die kleine Kapelle oberhalb des Sonnenhofes.

i In den letzten Tagen des Zweiten Weltkrieges starben hier 56 Soldaten. Sie sind auf dem Ehrenfriedhof ganz in der Nähe oberhalb des Soldatenbrunnens bestattet.

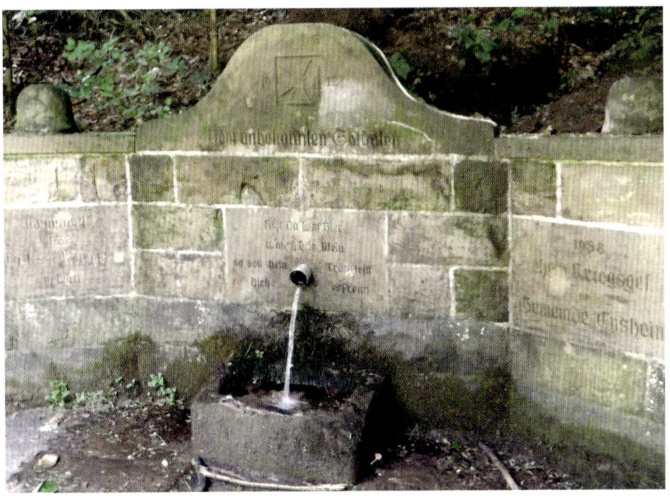

Der Soldatenbrunnen oberhalb des Waldhauses.

Der „Ensheimer Brunnenweg" wurde von 1990 bis 2000 von den „Freunden der Brunnen im Ensheimer Tal" mit privaten Mitteln angelegt. Sie restaurierten zwölf Brunnen, die zwischen 1848 und 1987 gefasst worden und größtenteils zerfallen waren. Der 13. Brunnen ist ein naturbelassener Wasseraustritt mit einem kleinen Wasserfall. Einige Brunnen tragen die Namen von verdienten Ensheimer Bürgern.

Weiter geht es gemächlich talaufwärts. Zu unserer Linken hoher Mischwald, zu unserer Rechten dichter Auwald, der vom Wogbach durchflossen wird. Dort sind auch einige private Grundstücke eingezäunt, in denen sich kleine Angelteiche befinden.

Nach etwa 300 Metern breiten sich links von uns ein größerer und dahinter ein kleinerer Weiher aus. Beide können vom Hauptweg aus umrundet werden. Aber die Schleife ist teilweise feucht bis nass, sodass sie für Kinderwagen und Rollstuhlfahrer nicht geeignet sind. Wir genießen vom Hauptweg aus den Blick auf den größeren Weiher und die Ruhe, die er ausstrahlt.

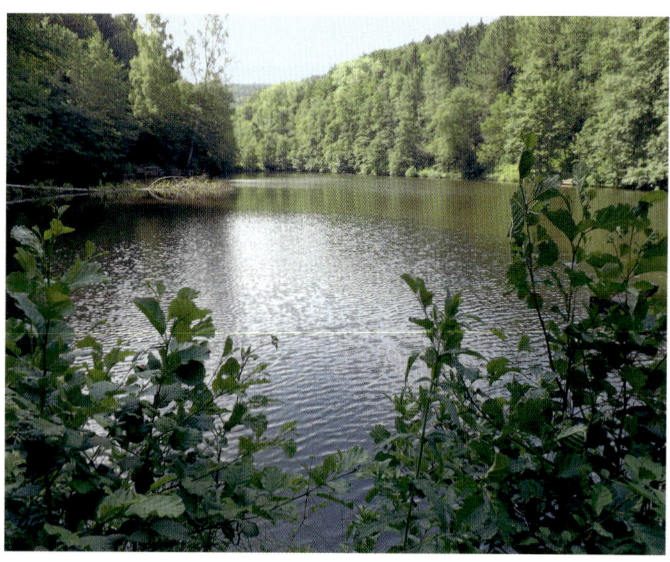

Blick auf den großen Weiher.

Weiter geht es, bis wir nach etwa 500 Metern links von uns auf den Frieda-Ruhe-Brunnen stoßen. Ab da wird der Weg etwas steiler, aber immer noch gut begehbar bzw. mit Kinderwagen und Rollstuhl zu befahren, bis wir zum Luitpold-Brunnen gelangen, der zu Ehren des Prinzregenten Luitpold von Bayern errichtet wurde. Der Brunnen liegt in einer Mulde am rechten Ufer eines kleinen Weihers. Wir biegen vom Hauptweg nach rechts ab. Der Weg führt uns runter am Weiherufer vorbei zum Brunnen. Dort stehen links und rechts zwei Holzbänke, auf denen wir eine Rast einlegen.

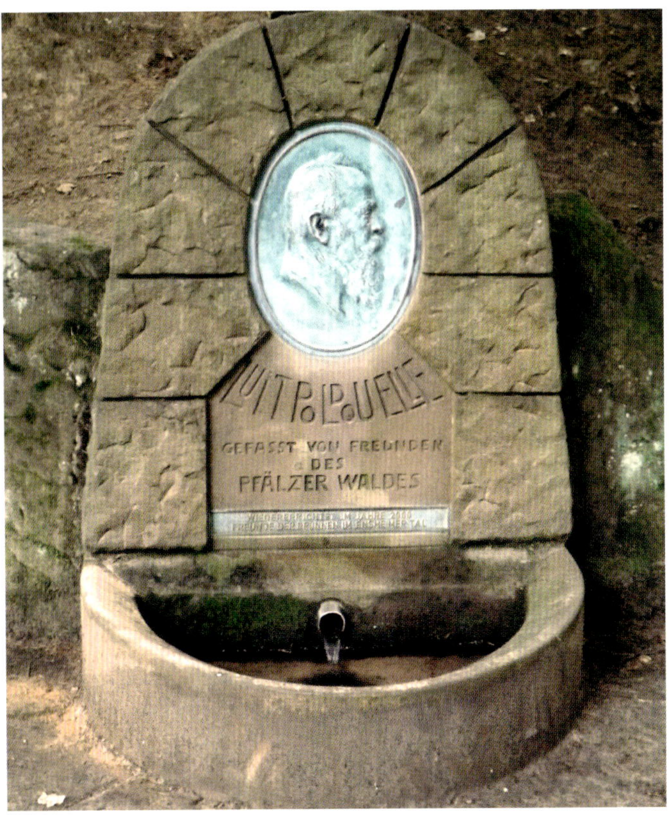

Der Luitpoldbrunnen wurde zu Ehren des Prinzregenten von Bayern errichtet.

Wer gut zu Fuß und Steigungen gewöhnt ist, der nimmt nun die große Schleife über den Staffel-Hang. Dabei sind gut 120 Höhenmeter zu überwinden, die Schleife misst etwa 4,5 km.

Rollstuhlfahrer und Kinderwagen sollten nach ihrer Rast an dieser Stelle auf demselben Weg umkehren. Vom Luitpold- Brunnen aus folgen wir nun dem Weg geradeaus links des Wogbaches am Hang entlang. Bedingt durch Pferdetritte und feuchte Stellen ist dieser Teil des Weges nicht immer sauber begehbar, trotzdem wegen der schönen, abwechslungsreichen Waldbilder lohnenswert. Stellenweise tritt hier der Buntsandstein mit Felsformationen zutage. Nach etwa 1,5 km stoßen wir auf den Franz-Weber-Brunnen. Er liegt rechts von uns unterhalb unseres Weges. Ein Stichweg führt zu ihm hinab.

Am Ende unseres Rückweges überqueren wir rechts den Wogbach. An einem Findling stehen wir wieder auf dem Hauptweg.

Zur Einkehr laden zwei Gaststätten ein, beide mit Außenbereich. Das Waldhaus rechts von uns hat mittwochs, samstags sowie an Sonn- und Feiertagen geöffnet, der Sonnenhof links von uns an Sonn- und Feiertagen.

Es bleibt jedem unbenommen, den gesamten Brunnenweg zu erwandern. Dieser zieht sich nämlich noch gut drei Kilometer den Wogbach hinab bis zur Thalmühle, dann auf der anderen Bachseite zurück bis zum Ausgangspunkt. Entlang dieser Schleife gibt es noch vier weitere Brunnen zu entdecken. Dazu gibt es zwei Flyer bzw. Karten, die sich im unteren Teil der Wegführung und in der Weglänge (10 bzw. 15 km) voneinander unterscheiden und u. a. im Waldhaus erhältlich sind.

Von der Bergmannssiedlung zum Idyll im Grünen

Von Von-der-Heydt durch das Burbachtal

Diese Tour führt durch die ehemalige Bergmannssiedlung Von-der-Heydt mit ihren restaurierten Backsteingebäuden und Alleen, die sich inzwischen zu einem Idyll im Grünen entwickelt hat. Wir wandern durch das Burbachtal, wo sich einst die oberirdischen Anlagen der Grube Von-der-Heydt befanden und das inzwischen wieder von der Natur zurückerobert wurde.

Dabei entdecken wir weitere Zeugen des ehemaligen Steinkohlebergbaus und den ehemaligen Bahnhof Von-der-Heydt. Über die Moselstraße wandern wir weiter durch das Burbachtal bis zur Saarbahn-Haltestelle „Rastpfuhl“.

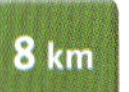

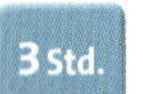

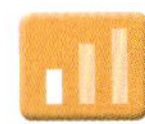
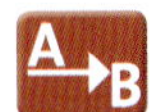

Start:
Ortseingang Von-der-Heydt

Ziel:
Saarbahn-Haltestelle „Rastpfuhl“

Bus/Bahn:
Saarbahn: S 1, Haltestelle Heinrichshaus, von dort aus zu Fuß (ca. 1 km) oder mit dem Bus: 168, Haltestelle „Von-der-Heydt-Siedlung“

Wegbeschaffenheit:
durchweg asphaltierte Straßen mit keinem oder nur wenig Kfz-Verkehr. Steiler Abfall zum Burbachtal hin. Für Gehbehinderte sowie Kinderwagen und Rollstuhlfahrer geeignet.

Wegbeschreibung

Wir beginnen unsere Tour am Ortseingang von Von-der-Heydt in der Straße **„Von-der-Heydt“**. Siedlungs- und Straßenname sind identisch. Links und rechts begleiten uns die restaurierten roten Backsteinhäuser. Aus der Größe können wir schließen, wer sie einst bewohnte.

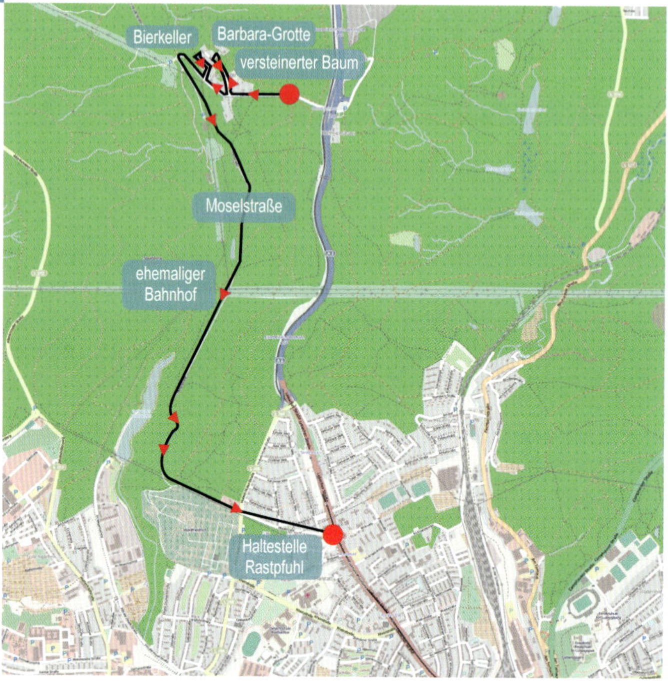

Die Siedlung Von-der-Heydt entstand nach der Gründung der gleichnamigen Steinkohlengrube (1850), die nach dem preußischen Handels- und Finanzminister August Freiherr von der Heydt benannt wurde. 1852 wurde die Grube an die Bahn nach Saarbrücken angeschlossen. Um die auswärtigen Bergleute und Grubenbeamten unterzubringen, wurden ab 1875 Schlaf- und Beamtenhäuser gebaut.

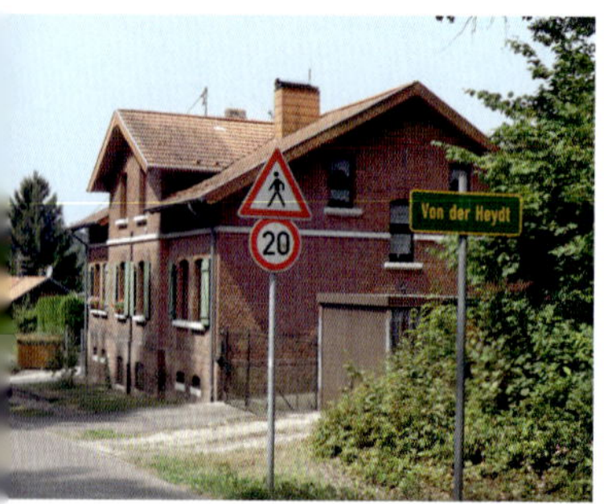

Beamtenhäuser am Ortseingang Von-der-Heydt.

Die Größe der Beamtenhäuser entsprach der beruflichen Stellung in der Grubenverwaltung. Zwei- bis Sechsfamilienhäuser waren für die Beamten der unteren und mittleren Laufbahn, Obersteiger wohnten in zweigeschossigen Gebäuden, und den Beamten der höheren Laufbahn standen Einfamilienhäuser zur Verfügung. Der Grubendirektor residierte in einer luxuriösen Villa mit großzügigem Park, wie wir später im Anwesen 20 erkennen können.

Die Grube Von-der-Heydt wurde 1932 stillgelegt. Die Gebäude verloren ihre ursprüngliche Bedeutung und wurden in den darauf folgenden Jahrzehnten unterschiedlich genutzt, einige davon auch abgerissen. 1985 wurde Von-der-Heydt unter Denkmalschutz gestellt. Alle Gebäude wurden restauriert. Einige befinden sich in Privatbesitz, andere gehören dem Saarland, das darin den Saarforst-Landesbetrieb und das Landesamt für Vermessung, Geoinformation und Landentwicklung untergebracht hat. 2008 wohnten noch 73 Einwohner in Von-der-Heydt.

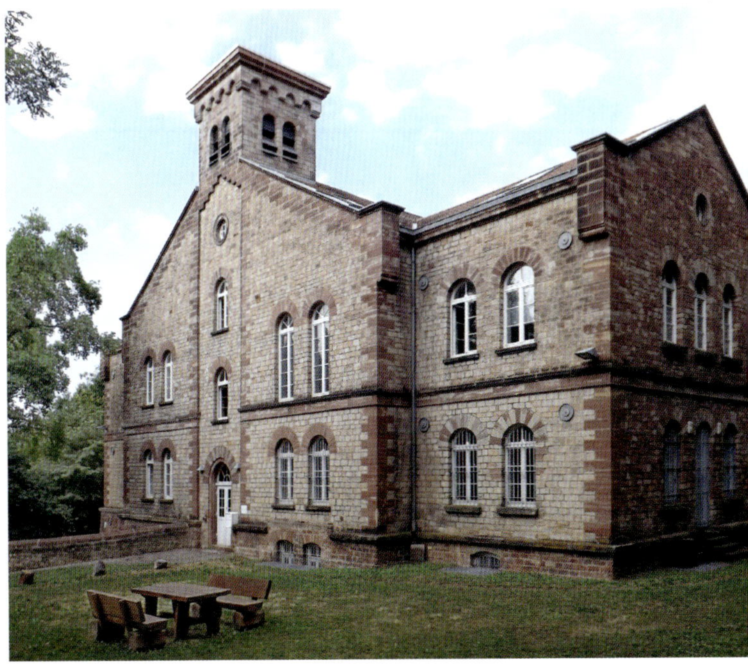

Eines der ehemaligen Schlafhäuser, heute genutzt vom Saarforst-Landesbetrieb.

Wir biegen bei der ersten Gelegenheit rechts ab. Rechts von uns steht auf einer Anhöhe die Staatliche Schule für Erziehungshilfe. Das neuere Gebäude wirkt wie ein Fremdkörper in der ehemaligen Bergmannssiedlung. Wir durchwandern eine Allee und sehen rechts zwei große Gebäude, in der heute der Saarforst-Landesbetrieb seine Geschäftsräume hat.

i

Über die frühere Bedeutung der beiden Gebäude gibt es verschiedene Meinungen. Eine besagt, dass sie der Grubenverwaltung dienten, die andere, dass sie zusätzliche Unterkünfte für die Bergleute waren, sogenannte „Schlafhäuser“, siehe unten.

An das untere Gebäude schließt sich ein kleiner Park mit einer Sitzgruppe und einem Tisch an. Dort hat der Saarforst-Landesbetrieb auch einen etwa einen Meter hohen versteinerten Baum aufgestellt. Er stammt aus der Karbonzeit vor rund 270 Millionen Jahren und wurde aus der Grube Camphausen über Tage gefördert. Er soll an den Steinkohlenwald mit seinen riesigen Schachtelhalm- und Farnbäumen erinnern, aus denen die Kohle entstanden ist. Im hinteren Bereich rechts befindet sich etwas erhöht und über eine Treppe erreichbar eine kleine Grotte mit der Heiligen Barbara, der Schutzheiligen der Bergleute, darin.

Wir verlassen den kleinen Park und laufen den Ableger zurück bis zur Einmündung in die „Hauptstraße“. Dort biegen wir nach rechts ab. Rechts von uns auf einer Anhöhe sehen wir ein weiteres großes Gebäude, das früher als Schlafhaus diente.

i

Schlafhäuser waren für die auswärtigen Bergleute gedacht, die nach der Schicht nicht nach Hause laufen (!) konnten. Deshalb hatten sie in diesen Häusern von Montag bis Samstag dort eine Schlafgelegenheit. Sie wurden Saargänger, Ranzenmänner oder Hartfüßler genannt.

In den Schlafhäusern lebten bis 250 Bergleute. In jedem Schlafraum gab es acht Betten, die sich die Bergleute zu Spitzenzeiten mit ihresgleichen teilen mussten. Wer auf der Schicht war, ar-

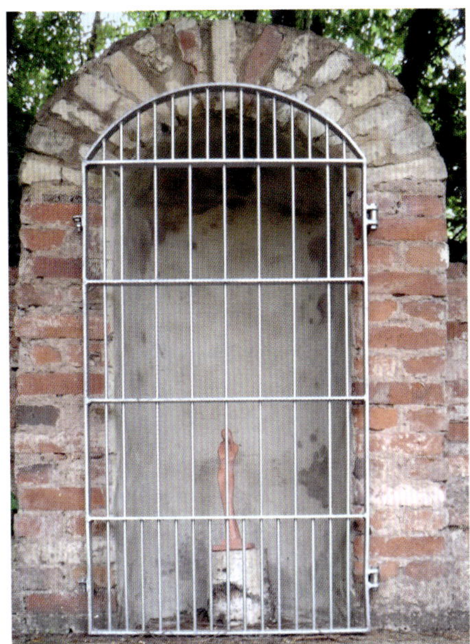

Die kleine Grotte mit der heiligen Barbara hinter dem heutigen Gebäude des Saarforst Landesbetriebs.

beitete, ein anderer Bergmann schlief im selben Bett. Im Erdgeschoss befanden sich die Küche und der Speisesaal, Toiletten und Waschräume in einem Anbau auf der Rückseite des Gebäudes. Die Hausordnung war für heutige Verhältnisse sehr streng: Bis 21.30 Uhr Ausgang und um 22 Uhr wurde das Licht ausgeschaltet. Einmal die Woche wurden die Handtücher gewechselt, einmal im Monat die Bettwäsche. Die Unterkunft war nicht kostenlos, sondern den Hartfüßlern wurde dafür pro Monat ein Tageslohn einbehalten.

Im krassen Gegensatz dazu präsentiert sich uns die prunkvolle Direktorenvilla im Anwesen 20. Eingezäunt und weitgehend sichtgeschützt, steht sie inmitten eines größeren Parks. Wir können sie nur von außen betrachten.

Wir biegen nun in die zweite Nebenstraße rechts ab und stehen vor einem weiteren ehemaligen Schlafhaus, in dem heute das Landesamt für Vermessung, Geoinformation und Landentwick-

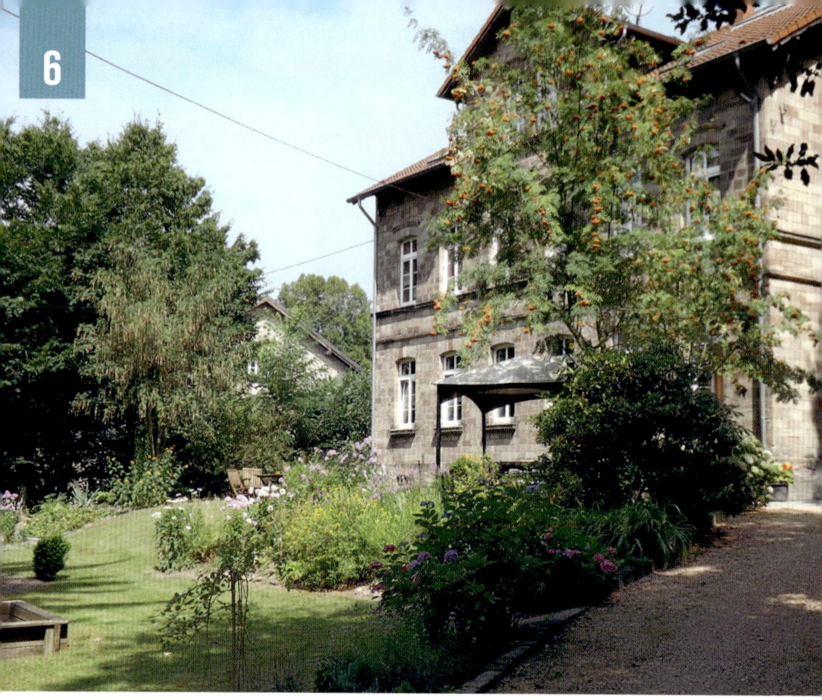

Die Direktorenvilla der ehemaligen Grube Von-der-Heydt.

lung untergebracht ist. Wir wandern an der Front entlang und biegen nach rechts in den Hinterhof ein. Vor uns erhebt sich wie eine Burgfront der ehemalige Bierkeller, der aussieht wie ein Stollenmund zur Einfahrt in eine Grube. Das darin gelagerte Bier war für das Beamtenkasino bestimmt, das sich im Erdgeschoss des Schlafhauses befand. Der Besuch dieses Kasinos war den „einfachen" Bergleuten nicht gestattet.

Links von uns befindet sich der ehemalige Stall für die Grubenpferde. Nach seinem Umbau ist dort der öffentliche Bereich des oben genannten Landesamtes untergebracht.

Wir kehren zurück zur „Hauptstraße", die uns nun bergab als Allee nach einer Linkskurve zu einer Wegkreuzung führt. Dort endet auch der öffentliche Straßenverkehr. Wir folgen links der asphaltierten **Moselstraße**, auf der wir nun für etwa zwei Kilometer bleiben.

Wir durchwandern das Burbachtal. Kaum zu glauben, dass sich hier früher ausgedehnte Grubenanlagen befanden. Davon ist heute fast nichts mehr zu sehen. Längst hat sich hier zur Talseite hin wieder der Wald ausgebreitet, der hin und wieder von kleinen Wiesen und Teichen durchsetzt ist. Gelegentlich entdecken wir kleine Schlackenwälle, Überreste der einstigen Kohlenförderung, die von Birken bewachsen sind. Von der Hangseite her beschattet Hochwald mit Laub- und Nadelbäumen unseren Weg.

Nach etwa 1,2 km erreichen wir die nicht mehr zugängliche ehemalige Maschinenhalle der Grube. Sie befindet sich rechts von uns. Wir gehen weiter, bis wir nach etwa 800 Metern auf der rechten Seite auf eine befestigte Einfahrt stoßen. Aufgepasst - man übersieht sie leicht! Ihr folgen wir zunächst nach rechts, dann nach links und stoßen auf den ehemaligen Bahnhof Von-der-Heydt. Auch dieser wurde restauriert und befindet sich heute in Privatbesitz. Wer ihn sich gerne näher anschauen will, muss den Eigentümer um Erlaubnis bitten.

Das Bahnhofsgebäude wurde um 1870 gebaut und diente bis 1959 auch dem Personenverkehr. Nach der Stilllegung der Bahnstrecke wurden die Gleise demontiert. Nur noch der Gleisschotter erinnert an die ehemalige Bahnstrecke.

Über die **Moselstraße** wandern wir weiter durch das Burbachtal, wobei uns bis zur Kreuzung mit der **Robert-Müller-Straße** der Wald bzw. kurz vor Erreichen der Kreuzung rechts der Waldfriedhof begleitet. Wir bleiben auf der **Moselstraße,** bis wir auf die **Lebacher Landstraße** stoßen. Nur wenige Meter rechts von uns befindet sich die Haltestelle „Rastpfuhl“, wo die Saarbahn-Linie S 1 verkehrt.

Tour 7

Von schmucken Arbeiterhäusern, stillen Winkeln, einem versunkenen Dorf und dem Tal der Liebe

Eine Wanderung durch Gersweiler

Unsere Wanderung führt durch Gersweiler, wo wir neben mehreren barocken Gebäuden schmucke Arbeitshäuser und stille Winkel kennen lernen. Wir besuchen den Alten Wasserturm, eines der Wahrzeichen des Stadtteils. Von dort aus wandern wir bergab zu dem versunkenen Dorf Aschbach und durch das Tal der Liebe.

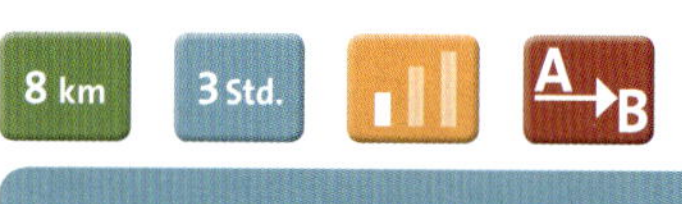

Start:
Bushaltestelle Willersbach

Ziel:
Bushaltestelle Ottenhausen Siedlung

Bus/Bahn:
Bus: 103, 134

Wegbeschaffenheit:
asphalierte Straßen und Bürgersteige sowie befestigte, breite Waldwege mit mäßigen Steigungen und Gefälle. Für Gehbehinderte sowie Kinderwagen und Rollstuhlfahrer geeignet. Ausnahme: Treppenabstieg zur Brunnenstraße. Hier ist der Umweg über die Hütten- und Brunnenstraße zu empfehlen.

Wegbeschreibung

Wir beginnen unsere Wanderung an der Bushaltestelle „Willersbach" in der **Hauptstraße,** der wir ca. 200 Meter auf der rechten Seite bergauf folgen. Dort biegen wir rechts ab in eine zunächst mit Kopfstein gepflasterte **Kastanienallee**. Sie führt uns nach rechts zum ehemaligen Bahnhof von Gersweiler.

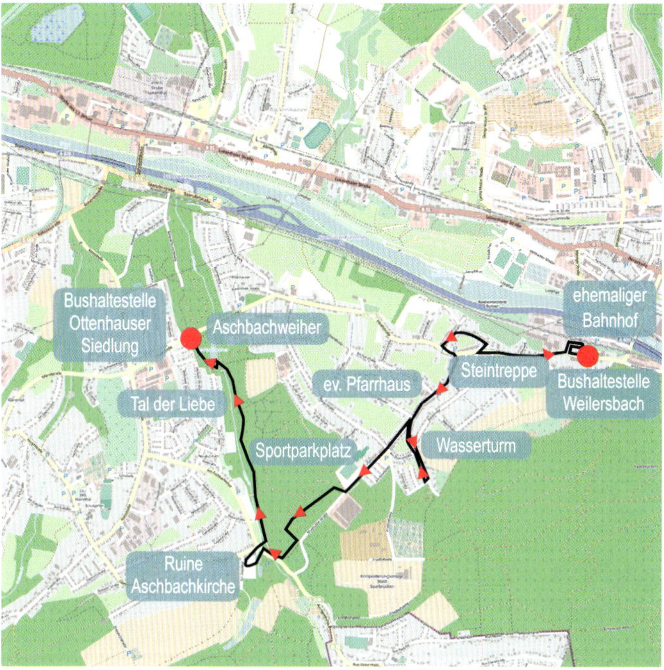

Der ehemalige Gersweiler Bahnhof ist ein wuchtiges Sand- und Backsteingebäude, das 1905/1906 errichtet wurde und als Beispiel für die Bahnhofsarchitektur des deutschen Kaiserreichs gilt. 1986 wurde es privatisiert und Mitte des Jahres 2000 aufwendig restauriert. Heute befinden sich in ihm ein Restaurant und ein Frisörladen. Auf dem Bahnhofvorplatz unterhält der Restaurantbesitzer während der warmen Jahreszeit unter Kastanien und Pergolen auch einen Außenbetrieb.

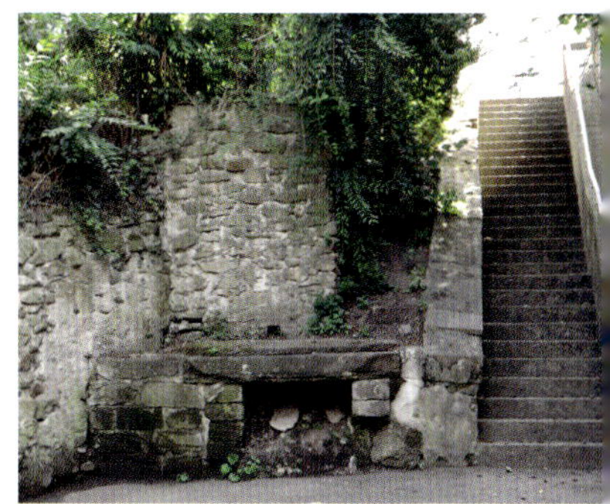

Die Steintreppe führt hinunter in die Brunnenstraße.

Wir kehren zurück zur **Hauptstraße**, die uns weiter bergauf führt. Kurz unterhalb des heutigen Volksbank-Gebäudes, das bei seiner Restaurierung der Barockzeit nachempfunden wurde, führt uns eine 28-stufige Steintreppe hinab in einen stillen Winkel der **Brunnenstraße.**

Zu unserer Rechten befindet sich der ehemalige Dorfbrunnen. Wasser fließt hier allerdings keines mehr, da er im Zuge der Kanalisation 1930 stillgelegt wurde. Nur die Brunnenschale ist noch vorhanden. Dieser stille Winkel ist an drei Seiten von hohen und teilweise begrünten Mauern umgeben und war früher das Zentrum des Dorfes Gersweiler.

Wir folgen der **Brunnenstraße** weiter. Schmucke, restaurierte und begrünte Arbeiterhäuser begleiten unseren Weg. Die **Brunnenstraße** mündet in die **Hüttenstraße,** die uns nach links bergauf wieder zur **Hauptstraße** führt. In der **Hüttenstraße** befand sich bis 1866 eine Glashütte, von der allerdings heute nichts mehr zu sehen ist. Lediglich die beiden Herrenhäuser der Anwesen 17a und 19 erinnern an diese Zeit. Übrigens: Auch in der **Hüttenstraße** entdecken wir zahlreiche blumengeschmückte und restaurierte Arbeiterhäuser. Vom oberen Teil der **Hüttenstraße** genießen wir den weiten Blick auf das Saartal mit Burbach, Fenne und Luisenthal bis auf die Höhen des Saarkohlenwaldes.

An der **Hauptstraße** angekommen, gehen wir nach links. Ein kleiner Park mit Platanen säumt unseren Weg bis zum ehemaligen Rathaus mit Türmchen auf dem Dach. Es war ursprünglich ein Bauernhaus aus der ersten Hälfte des 19. Jahrhunderts, das von Bürgermeister Joseph Sprink nach 1854 umgewidmet, 1910 umgebaut wurde und somit sein heutiges Aussehen erlangte.

Neben dem ehemaligen Rathaus erhebt sich die evangelische Kirche. Das barocke Gotteshaus wurde 1784 von dem nassau-saarbrückischen Generalbaudirektor Johann Jakob Lautemann errichtet. In den 30er- und 60er-Jahren des vorigen Jahrhunderts erfolgten mehrere Umbauten, die nicht immer den Forderungen der Denkmalspfleger entsprachen.

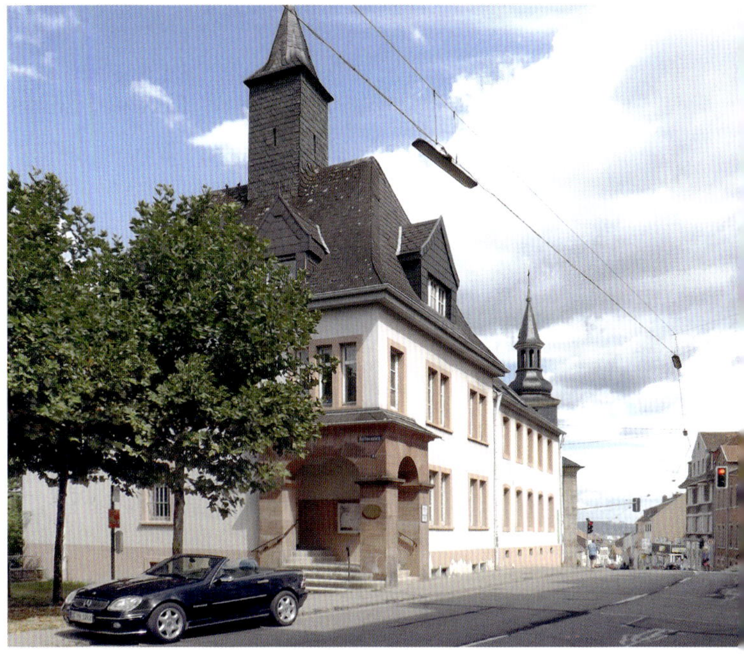

Das ehemalige Rathaus von Gersweiler.

Wir überqueren an der Fußgängerampel die **Hauptstraße** und wandern die gegenüberliegende **Krughüttenstraße** auf der rechten Fußgängerseite hinauf. Etwa 150 Meter weiter erreichen wir auf einer Anhöhe über eine Auffahrt das evangelische Pfarrhaus.

Das evangelische Pfarrhaus war ursprünglich ein Forsthaus. Als es 1768 von Baumeister Friedrich Joachim Stengel im barocken Landhausstil errichtet wurde, reichte der Wald des Evangelischen Stifts St. Arnual noch bis fast zur heutigen Kirchenstraße. 1844 schenkte das Stift das Gebäude der evangelischen Kirchengemeinde zur wiedererlangten Selbstständigkeit. Dabei wurden die Scheune und Stallungen zu Wohnungen umgebaut.

Wir kehren zurück zur **Krughüttenstraße**, die uns weiter bergauf führt. Beim Anwesen 35 auf der linken Seite begegnet uns das alte Feuerwehrhaus aus rotem Ziegelstein. Es wurde 1910 erbaut und wird heute vom Obst- und Gartenbauverein als Obstverwertungsanlage genutzt.

Zur unserer Rechten sehen wir das katholische Volkshaus und die dazugehörige Pfarrkirche aus den Jahren 1888/89. Ihr Bau war damals nötig geworden, nachdem immer mehr Katholiken in das ursprünglich rein protestantische Gersweiler zugezogen waren und diese ohne dieses Gotteshaus zum Gottesdienst bis nach St. Johann hätten laufen müssen.

Wir erreichen auf der Höhe den **Zimmerplatz**, der sowohl als Treffpunkt als auch Festplatz für die Kirmes und das Dorffest dient. Wir überqueren am Fußgängerüberweg die **Krughüttenstraße** nach links, lassen den Zimmerplatz rechts liegen und laufen die **Straße „Am Zimmerplatz"** ca. 250 Meter hinauf. Dort, wo sie in die **Straße „Am Hasenbühl"** einmündet, erhebt sich links der alte Wasserturm. Wir befinden uns mit 279 Meter NN auf der höchsten Stelle Gersweilers.

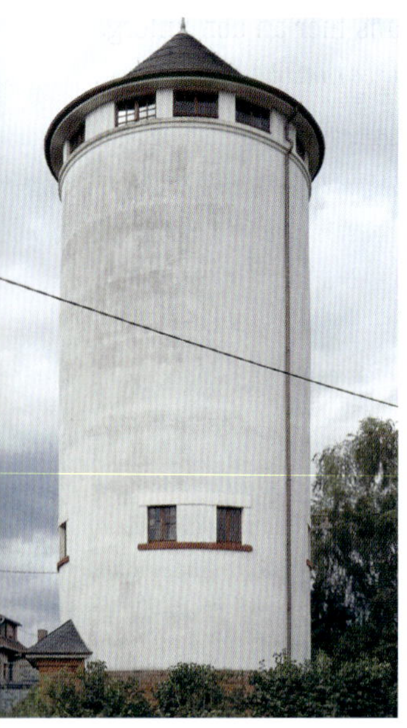

Der alte Wasserturm ist ein Wahrzeichen von Gersweiler.

i Der alte Wasserturm wurde von 1914 bis 1916 als einer der ersten saarländischen Industriebauten mit Eisenbeton gebaut, nachdem durch Bergbauschäden eine Wassernot eingetreten war. Doch auch der neue und heute Alte Wasserturm war dem Bedarf nicht gewachsen, sodass 1964 ein Hochbehälter gebaut werden musste. Der Alte Wasserturm ist eines der Wahrzeichen von Gersweiler. Wenn er für die Öffentlichkeit freigegeben ist, gelangt man über eine rund hundertstufige Wendeltreppe im Innern bis zum oberen Stockwerk, von dem aus man eine weite und schöne Aussicht genießen kann.

Wir kehren über die **Straße „Am Zimmerplatz"** zurück zur **Krughütterstraße,** überqueren diese am Fußgängerüberweg und folgen ihr nach links an der restaurierten Turnhalle und am Sportplatz vorbei. Ab dort benutzen wir den befestigten **Waldweg**, der sich mehr oder weniger parallel zur **Krughütterstraße** runter ins Aschbachtal zieht. Hier durchwandern wir einen Laubhochwald mit Hainbuchen, Buchen, Eichen und Robinien. Am Ende des Weges erreichen wir einen Waldparkplatz parallel zur **Straße „Am Sprinkhaus"**. Wir halten uns rechts und laufen noch für ca. 100 Meter den Waldparkplatz entlang. Links von der Bushaltestelle „Am Sprinkhaus" überqueren wir die gleichnamige Straße. Vorsicht – es gibt keinen Fußgängerüberweg!

Auf der anderen Straßenseite biegen wir links in den Waldweg ein. Ein Steinkreuz, das aus Anlass der 800-Jahr-Feier von Gersweiler am 28. Juni 1952 von den Volksschulen Gersweiler und Ottenhausen gestiftet wurde, erinnert uns hier an den untergegangenen Ort Aschbach. Nur wenige Meter den Waldweg hinauf stehen wir vor den Ruinen der Aschbachkirche.

i

Der Hof Aschbach geht auf das Jahr 900 zurück. Auf einem Hügel wurde eine mittelalterliche Saalkirche errichtet, die für Aschbach, Gersweiler und Ottenhausen zuständig war. Nach der Reformation wurde sie evangelisch. Während des Dreißigjährigen Krieges wurde sie als Pestlazarett genutzt, weswegen sie heute noch „Pestkirche" oder „Pestburg" genannt wird. Das Dorf Aschbach und die Kirche wurden vermutlich 1612 durch ein Feuer zerstört. Heute ist von der Kirche nur noch ein Teil der Ruinen er-

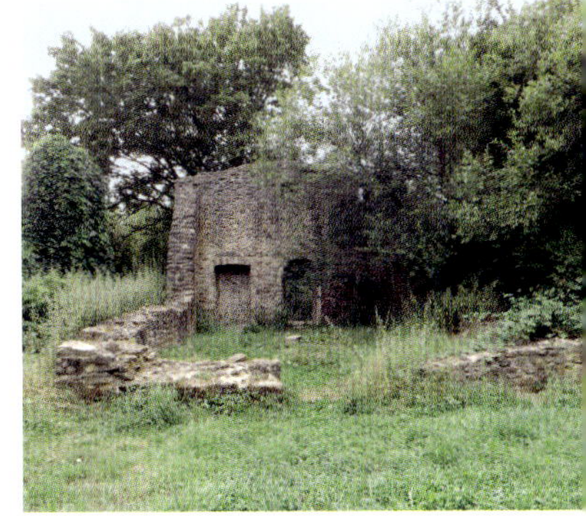

Die Ruinen der Aschbachkirche.

7

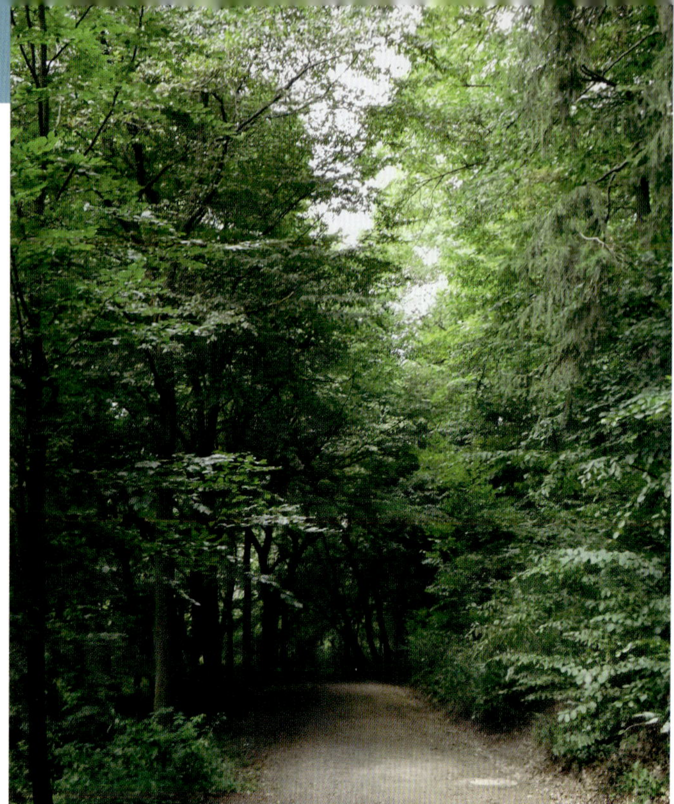

Wanderweg im Tal der Liebe.

halten, umgeben von einer Wiese mit wilden Obstbäumen und Sträuchern.

Wir kehren zurück zur **Straße „Am Sprinkhaus“**, überqueren diese in Richtung Waldparkplatz und betreten links einen breiten Waldweg, der ins **Tal der Liebe** führt.

i

Warum dieses Tal, das vom Aschbach in einem herrlichen Auwald mit zahlreichen Windungen durchflossen wird, mit der Liebe verbunden wird, darüber schmunzeln die Gersweiler mit einem Augenzwinkern. Bedingt dadurch, dass links des Baches der Auwald und rechts des Weges hoher Hainbuchen- und Buchenwald dem Tal einen romantischen Anschein verleiht und Besucher vor allzu neugierigen Blicken schützt, würde es gerne von Amors Pfeilen

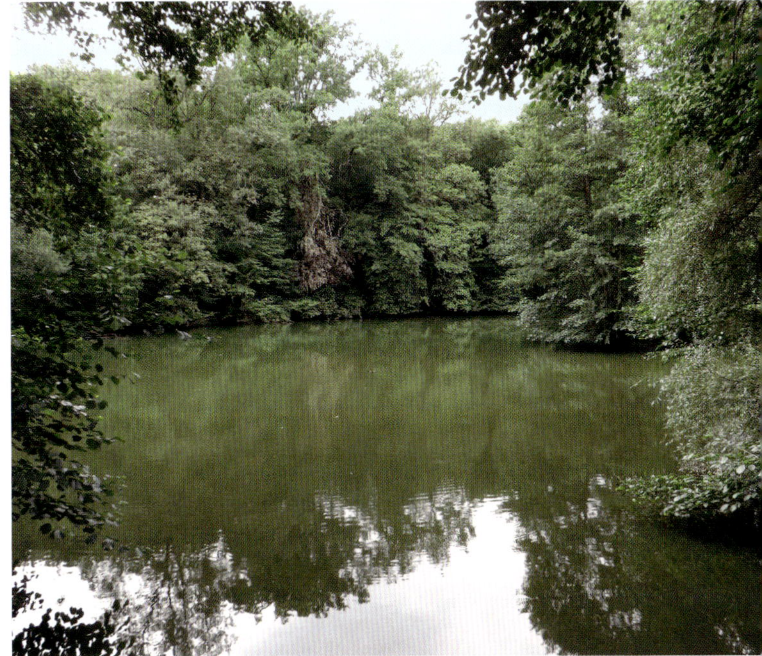

Am Aschbachweiher.

Getroffenen zum Rendezvous benutzt, so hört man. Ja, so manche zarten Bande seien da schon geknüpft worden, die mit zwei Ringen vor dem Pfarrer bzw. Standesbeamten gefestigt worden seien, auch und gerade zwischen Deutschen und Franzosen, die nur wenige hundert Meter tête à tête wohnen.

Wir durchwandern das rund zwei Kilometer lange **Tal der Liebe** und gelangen zum Aschbachweiher, der an seinen von Laubbäumen beschatteten Ufern auf mehreren Sitzbänken zur Rast einlädt.

Wir verlassen den Aschbachweiher an seinem linken Ufer und folgen rechts dem ansteigenden Weg hoch bis zur **Hauptstraße**. Nur wenige Meter links von uns befindet sich die Bushaltestelle „Ottenhausen Siedlung“.

Tour 8

Nach der Eisenzeit

Eine Erkundungstour durch das Zentrum von Burbach

Burbach ist durch seine ehemalige Eisenhütte und die Menschen, die dort arbeiteten, geprägt. Wir durchwandern das Zentrum von Burbach mit kleinen Abstechern in die Seitenstraße und schauen, was von der Eisenzeit geblieben ist und was sich seither verändert hat. Die Mettlacher Straße führt uns an den Saaranlagen vorbei bis zur Gersweiler Brücke, von der wir auf einen Teil der ehemaligen Burbacher Hütte, heute „Saarstahl", blicken. Von dort aus geht es zurück ins Zentrum.

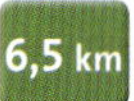

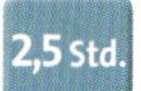

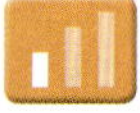
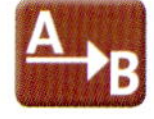

Start:
Bahnhof Burbach

Ziel:
Burbacher Markt

Bus/Bahn:
Zug: Haltestelle „Bahnhof Burbach"
Bus: Hin: 101, 102, 108, 122, Haltestelle „Burbach Bahnhof"
Zurück: 101, 102, 108, 110, 122, 155, Haltestelle „Burbacher Markt"

Wegbeschaffenheit:
überwiegend ebene Bürgersteige. In den Seitenstraßen mäßige Steigungen und Gefälle. Für Gehbehinderte sowie Kinderwagen und Rollstuhlfahrer geeignet.

Wegbeschreibung

Wir beginnen unsere Entdeckungstour am Bahnhof Burbach, einem gläsernen Gebäude aus dem Jahr 1959, das seit langem jedoch geschlossen ist.

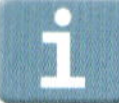

Die Geschichte des Bahnhofs Burbach beginnt 1864, nachdem 1858 die Bahnstrecke Saarbrücken-Merzig eröffnet wurde. Der Bahnhof war mehr als 100 Jahre der Aus- bzw. Zustieg für täglich Tausende von Arbeitern der Burbacher Hütte. Im Krieg wurde das alte Bahnhofsgebäude zerstört. Das nicht mehr so ganz neue steht heute leer. Da sich die jetzige Zughaltestelle etwas außerhalb des Zentrums befindet und kaum noch Reisende ein-

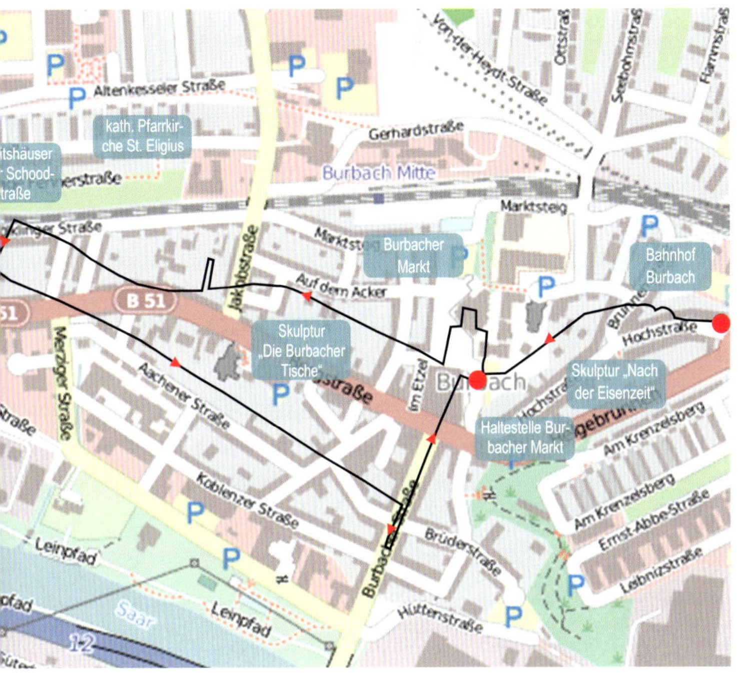

oder aussteigen, hat Burbach 2013 eine weitere in Burbach- Mitte bekommen.

Gegenüber dem Bahnhof, also von uns aus gesehen auf der linken Seite der **Hochstraße** (B 51), begann früher die Burbacher Hütte. Wie viele Arbeiter mögen wohl durch das Torhaus 20 gegangen sein? Das Torhaus gibt es nicht mehr. Zu sehen ist jedoch noch das langgestreckte rote Backsteingebäude aus dem Jahr 1954. Es diente damals als Verwaltungsgebäude und heute einer Behörde.

Hinweisschilder weisen auf die Saarterrassen hin. Das ist ein 40 Hektar großer Dienstleistungs- und Gewerbepark, der 1994 nach Stilllegung der Burbacher Hütte und dem Abriss der Hallen und Gebäude entstanden ist und auf dem sich zahlreiche neue Unternehmen angesiedelt haben.

Die Burbacher Hütte wurde 1856 als Saarbrücker Eisenhütten-gesellschaft gegründet und bot 1975 über 23 000 Menschen Arbeit. Sie nahm in Burbach einen großen Raum ein (über 100 Hektar) und bestimmte das Leben dieses Stadtteils. Infolge der Stahlkrise wurden 1977 die Hochöfen und 1982 60 Hektar ihrer Hüttenfläche stillgelegt. Geblieben ist nur noch die Walzstraße. Seit 1989 gehört das Restwerk zur Saarstahl AG mit einer Drahtstraße und rund 600 Mitarbeitern.

Wir folgen der **Hochstraße** auf der rechten Seite in Richtung Zentrum und gelangen zunächst an einen Kreisel. In dessen Mitte erhebt sich eine dreiteilige Skulptur aus rostigem Stahl, die an die „Eisenzeit" erinnern soll. Wir folgen weiter der **Hochstraße**. Links und rechts begleiten uns fünfgeschossige Wohnhäuser, die alle nach dem letzten Krieg entstanden sind, einst den Hüttenarbeitern und ihren Familien als Mietunterkunft dienten und fast alle einen neuen, hellen Fassadenanstrich bekommen haben.

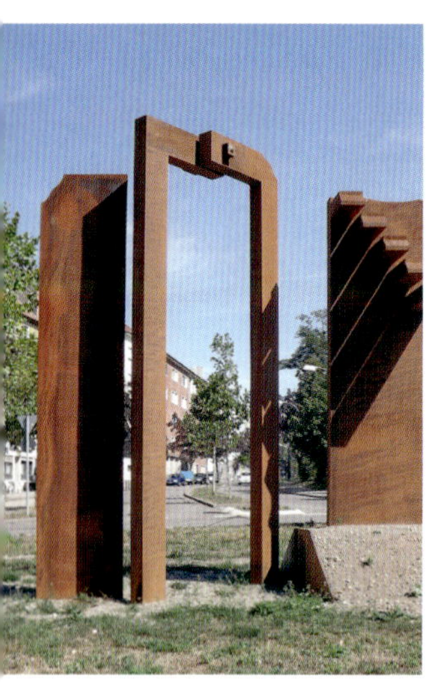

Die Skulptur „Erinnerung an die Eisenzeit".

Heute wohnen in ihnen überwiegend Menschen, die über kein großes Einkommen verfügen.

Rund 14 600 Menschen wohnen in Burbach, davon 5600 in der Hochstraße. Sie haben sich eingerichtet und betreiben u. a. Cafés, Imbisse und Geschäfte mit Haushaltsartikeln.

In der Hochstraße und ihren Seitenstraßen leben auch viele Kinder und Jugendliche. Es soll hier nicht verschwiegen werden, dass Burbach zu den sozialen Brennpunkten der Stadt gehört.

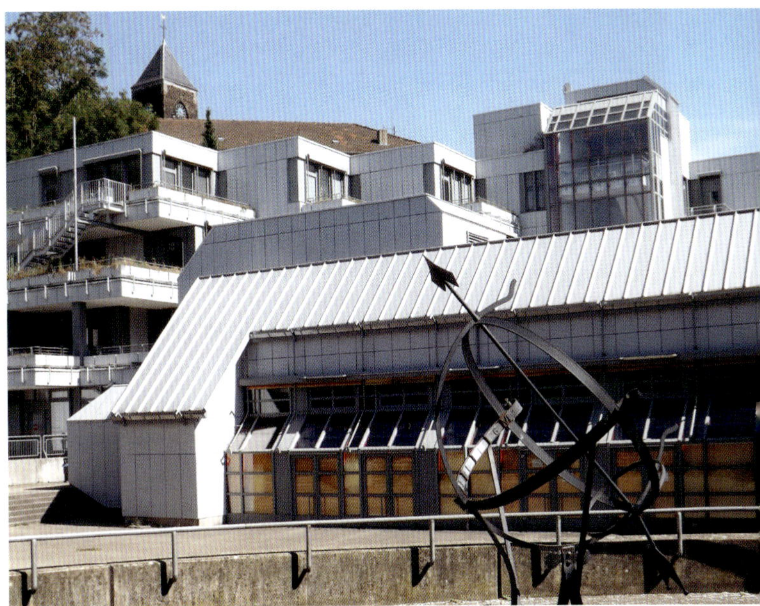

Das Bürgerhaus von Burbach.

Die **Hochstraße** führt uns nun etwas bergab durch eine Allee, die zusätzlich mit Blumenkugeln geschmückt ist. Sie ist sozusagen die Geschäftsstraße. Auf den Bürgersteigen unterhalten Eiscafés und kleine Kneipen während der warmen Jahreszeit auch einen Außenbetrieb.

Die **Hochstraße** mündet am **Marktplatz** rechts von uns in die **Bergstraße**. Wir statten dem Marktplatz einen Besuch ab. Auf der rechten Seite sehen wir einen hohen, roten Buntsandsteinfelsen mit einer abgeschlossenen Stahltür. Der Stollen dahinter sollte im Krieg Schutz vor Luftangriffen bieten.

Direkt vor uns fällt ein futuristisch anmutendes großes Gebäude auf. Es ist das Bürgerhaus von Burbach, das 1981 gebaut wurde und von den Einheimischen wegen der Verkleidung und des dahinter sich erhebenden „Hochbunker“ als „Haasestall“ (Hasenstall) bezeichnet wird. In ihm befinden sich Nebenstellen

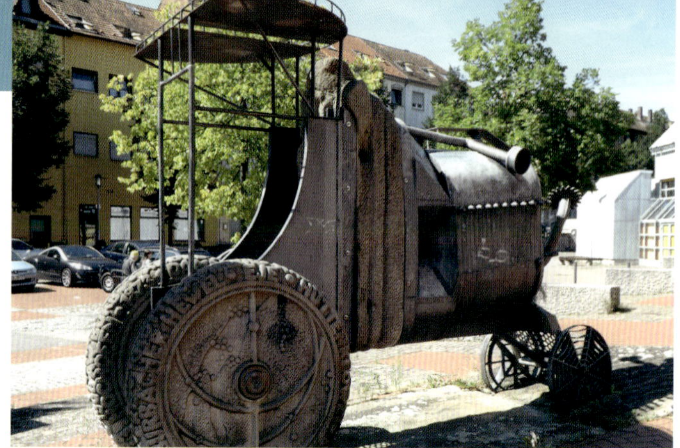

Das „Lokomobil" vor dem Bürgerhaus.

städtischer Behörden, eine Bank, ein Restaurant und Säle für Veranstaltungen. Über diesem Gebäude ragen auf dem Plateau des Buntsandsteinfelsens der Turm und ein Teil des Kirchenschiffs der evangelischen Kirche hervor.

Vor dem großen Gebäude steht das „Lokomobil". Es entstand 1987 während der Burbacher Kontaktkunst-Aktion und wird von den Burbachern „Dampwalz" oder „Scheesewäänsche" (Kinderwagen) genannt. Dass es auch ein bisschen auf die Mentalität der alten Burbacher als „Hiddekloowe" (grober Mensch mit rauer Schale und großem Herz) anspielt, wird mit einem Augenzwinkern kommentiert.

Oberhalb des Lokomobils am nordwestlichen Ende des Marktes steht eine eiserne Weltkugel mit Kompass und Sonnenuhr. Sie ist ein Geschenk der Auszubildenden des Bahn-Ausbesserungswerkes Saarbrücken-Burbach aus dem Jahr 1981.

Wir verlassen den Markt und kehren zur **Bergstraße** zurück. Sie führt uns, wie ihr Name schon sagt, leicht bergauf. Mit dem Anwesen 20 finden wir ein restauriertes Einfamilienarbeiterhaus vor. Wir überqueren die **Bergstraße** nach links an der Einmündung der **Krummen Gasse**. Dort befinden sich ein kleiner Park mit Sitzgelegenheit und die drei Skulpturen „Die Burbacher Tische". Sie stammen von der saarländischen Künstlerin Margret Lafontaine und gehören zu dem Gesamtprojekt „Burbach wächst zusammen".

Wir bleiben auf der linken Seite der **Bergstraße** und stehen nach wenigen Metern vor der katholischen Pfarrkirche St. Eligius. Links davon befindet sich, etwas in den Pfarrgarten versetzt, das Pfarrhaus.

Burbach war bis ins 19. Jahrhundert ein rein protestantisches Dorf, auch wenn die Kirche in Malstatt stand. Mit der Eisenhütte zogen aber immer mehr Katholiken hinzu, die auch ihre Kirche haben wollten. Und sie bauten sie bereits 1870 im neugotischen Stil eben in der heutigen Bergstraße. Die protestantischen Burbacher wollten ihre Kirche im Dorf und errichteten sie auf dem roten Sandsteinfelsen, dem Weyersberg, 1898. Diese wurde im Zweiten Weltkrieg zerstört, 1956 jedoch wieder aufgebaut.

Wir folgen der **Bergstraße** weiter, die nun allmählich wieder abfällt. Auf der gegenüberliegenden Straßenseite entdecken wir im Anwesen 25 ein großes Gebäude im Jugendstil und direkt daneben mit den Anwesen 27 ein ebenso hohes Backsteingebäude, beide restauriert.

An der Einmündung der **Schoodstraße** benutzen wir den Fußgängerüberweg mit Ampel, überqueren die Bergstraße, die nun **Luisenthaler Straße** heißt, und laufen die **Schoodstraße** hinauf. Mit den Anwesen 4, 5, 6, 7 und 8 auf der rechten Seite fällt uns gleich ein ganzes Ensemble stilgerechter Einfamilienarbeiterhäuser auf. Neben dem Türbogen des Anwesens Nr. 4 ist sogar noch das Baujahr abzulesen: 1869.

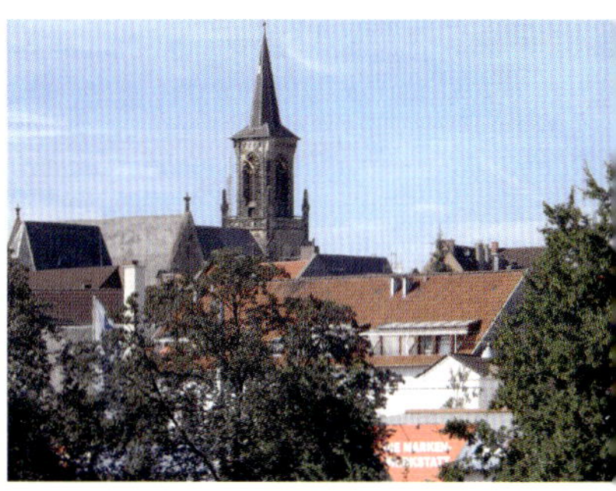

Die katholische Pfarrkirche St. Eligius.

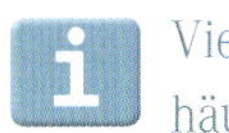

Viele dieser Arbeiterhäuser waren sogenannte Prämienhäuser. Hütten und Gruben gewährten ihren Arbeitern meist auf zehn Jahren zinslose Darlehen zur Errichtung der Häuser. Die Rückzahlung war moderat und wurde vom Lohn einbehalten. Dadurch banden die Hütten und Gruben ihre Arbeiter an sich.

Gegenüber den Arbeiterhäusern steht mit dem Anwesen 10 ein restauriertes Zweifamiliegrubenhaus. Das Backsteinhaus gleicht den bereits beschriebenen in der Straße Von-der-Heydt (siehe Seite 41–46).

Wir gehen die **Schoodstraße** wieder hinunter in Richtung Fußgängerampel, überqueren diese, schwenken nach rechts und bleiben auf der linken Seite der **Luisenthaler Straße**. Einige der Häuser sind bereits restauriert, bei anderen wiederum herrscht mehr oder weniger Bedarf. Eines davon ist das Theresienheim im Anwesen 12.

i

Das Theresienheim wurde 1904 von dem Lokfabrikanten Lüttgen im Gedenken an seine verstorbene Tochter Theresia gebaut. Es war bis in die 70er-Jahre ein Waisenhaus bzw. ein Heim für Kinder und Jugendliche. Heute befinden sich in ihm das Zentrum für heilpädagogische Kinder-, Jugend- und Familienhilfe sowie ein Kindergarten mit Kindertagesstätte.

Kurz danach biegen wir nach links ab in die **Straße „Am Höfchen“,** die uns in die **Mettlacher Straße** führt. Ihr folgen wir auf dem Gehweg nach links. Rechts von uns sehen wir die begrünten Dämme, die den Sportplatz, die Kläranlage und die dahinter liegenden Höfe und Gärten der Anwesen in der Luisenthaler Straße vor den Hochwassern der Saar schützen sollen.

Nach der Einmündung der **Merziger Straße** von links in die **Mettlacher Straße** wechseln wir auf die rechte Seite. Dort benutzen wir den Fußgängerweg. Links von uns befinden sich mehrere mittelständische Betriebe, rechts folgen nacheinander der Campingplatz des Kanu-Klubs, das DLRG-Heim und ein ausgedehnter öffentlicher Park mit Liegewiesen, Bänken, Spielplatz und Basketballfeld.

Wir erreichen die **Burbacher Straße**, die wir überqueren. Vorsicht – starker Verkehr! Rechts überspannt die Gersweiler Brücke die Saar. Von der Mitte der Brücke aus blicken wir auf einen Teil der ehemaligen Burbacher Hütte, heute Saarstahl. Das Ausmaß der Ausdehnung wird uns deutlich, wenn wir saaraufwärts blicken. Noch hinter der Biegung setzte sich einst das Hüttengelände fort.

Von der Gersweiler Brücke aus folgen wir der **Burbacher Straße** wieder nach links und bleiben auf ihrer rechten Seite, bis sie an einer Ampel in die **Bergstraße** mündet. Dabei begleiten uns auf beiden Straßenseiten wieder vier- bis fünfgeschossige Wohnhäuser, in deren Erdgeschossen sich kleine Läden, Eiscafés und Kneipen befinden.

An der Ampel biegen wir rechts ab in die **Bergstraße**, wo wir nach wenigen Metern an der Bushaltestelle „Burbacher Markt" stehen.

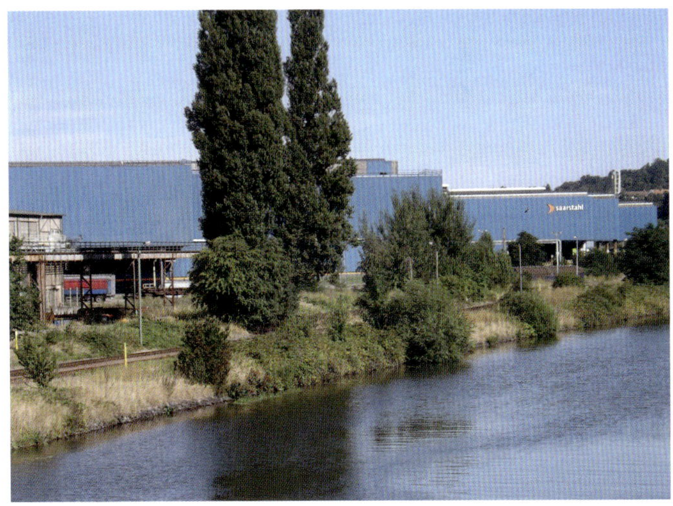

Die ehemalige Burbacher Hütte, heute Saarstahl.

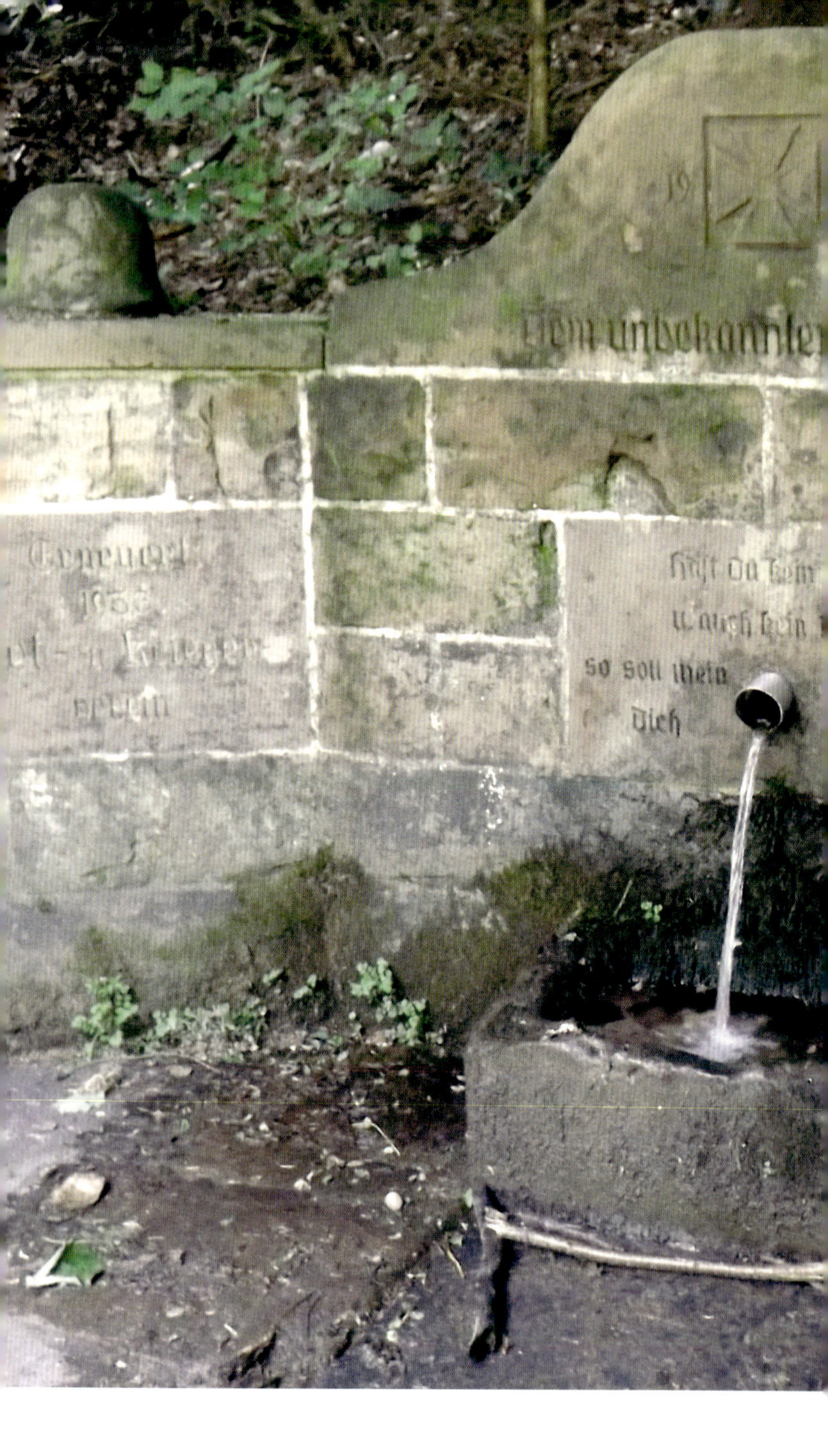
so soll mein
Dich

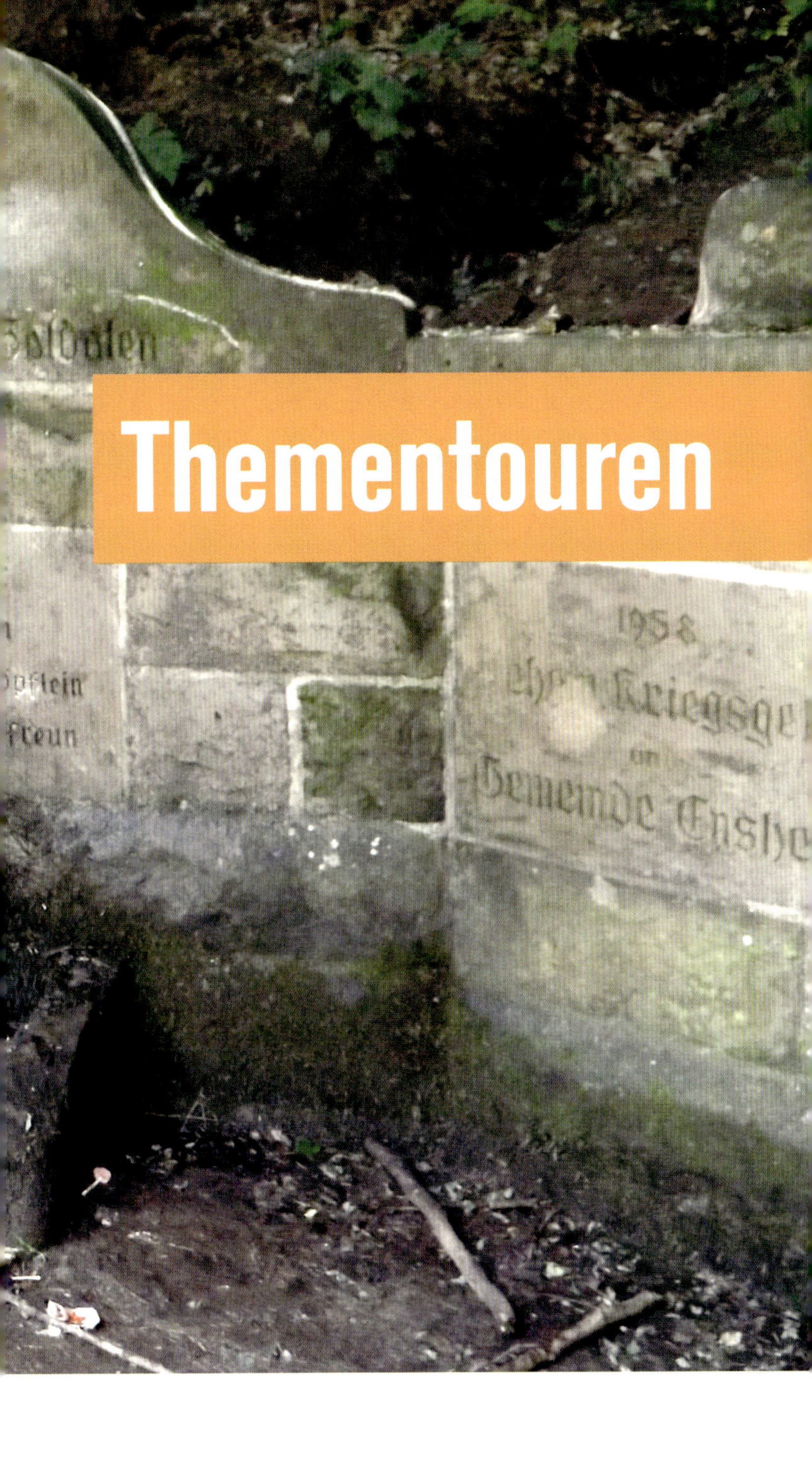

Thementouren

Tour 9

Wo die ersten „Saarbrücker" lebten

Eine Wanderung durch den Stiftswald von St. Arnual

Wir wandern durch den Stiftswald von St. Arnual hoch bis zu den Buntsandsteinfelsen, die wir auf einem Rundweg kennen lernen. Dazu gehört auch eine herrliche Aussicht auf die Saar und die Schleuse in Güdingen. Weiter geht es bergauf bis zum Keltenstein, wo wir die Überreste eines keltischen Ringwalls finden. Unser Weg führt uns durch Laubmisch-Hochwald bis zur Sonnenberg-Klinik.

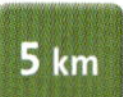

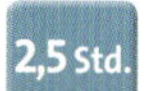

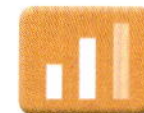
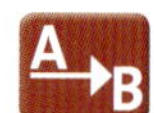

Start:
Einmündung der Straße „Zum Stiftswald" in die Saargemünder Straße

Ziel:
Sonnenberg-Klinik

Bus/Bahn:
Bus: 126, Altes Forsthaus (hin)
126, Sonnenberg-Krankenhaus (zurück)

Wegbeschaffenheit:
asphaltierte Waldstraßen bzw. befestigte Waldwege; steiler Aufstieg bis Keltenstein; Buntsandsteinpfade enger und sandig. Die Wege sind bedingt auch für Kinderwagen und Rollstuhlfahrer geeignet. Muskelkraft und Elektroantrieb sind von Vorteil. Die Begehbarkeit der Felsenpfade ist von der Witterung abhängig.

Wegbeschreibung

Die Tour beginnt an der Einmündung der Straße **„Zum Stiftswald"** in die **Saargemünder Straße**. Sie führt auf einer breiten und asphaltierten Waldstraße bergauf unter der Bundesautobahn A 6 hindurch. Für den allgemeinen Autoverkehr ist sie gesperrt. Kurz nach der Unterführung biegen wir auf dieser Straße nach links ab und gehen sie bis zu den Felsenpfaden.

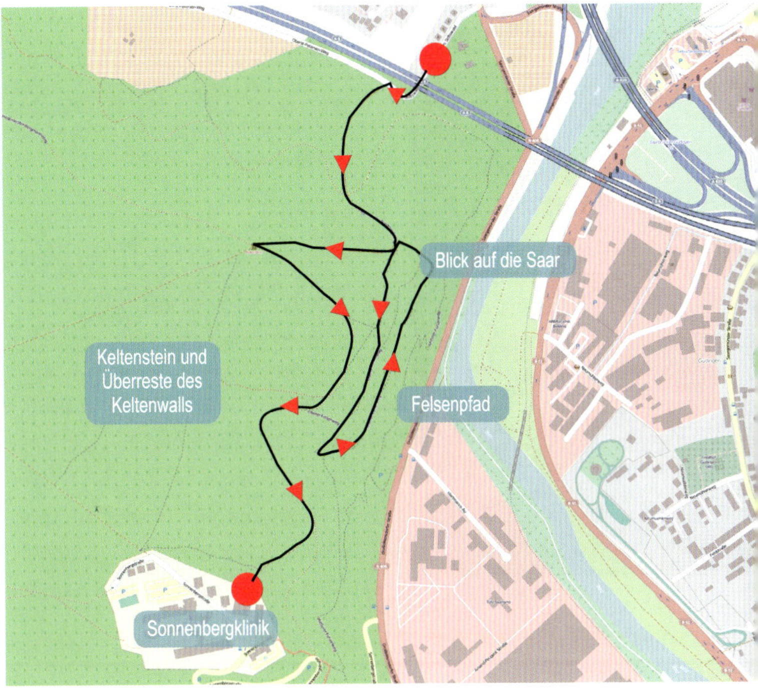

Der Stiftswald, in dem wir uns befinden, hat seinen Namen vom Stift St. Arnual und gehört heute zum Stadtwald von Saarbrücken. Er besteht überwiegend aus Laubmischwald mit hohen Buchen und Eichen.

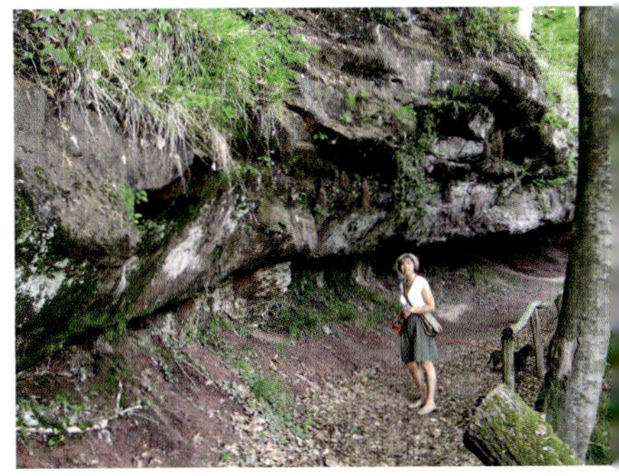

Der Felsenpfad, gesäumt von Buntsandsteinfelsen.

In mehreren Schleifen windet sich die Waldstraße hinauf, bis wir etwa nach zwei Kilometern auf die drei Felsenpfade stoßen. Sie sind beschildert und bilden einen Rundweg, den wir begehen wollen. Wir nehmen den mittleren Felsenpfad, wo uns nach ein paar Metern links eine herrliche Aussicht auf Güdingen, die Saar und die Schleuse (siehe Seite 103) erwartet. Und dann sind wir auch schon an den mächtigen Buntsandsteinfelsen!

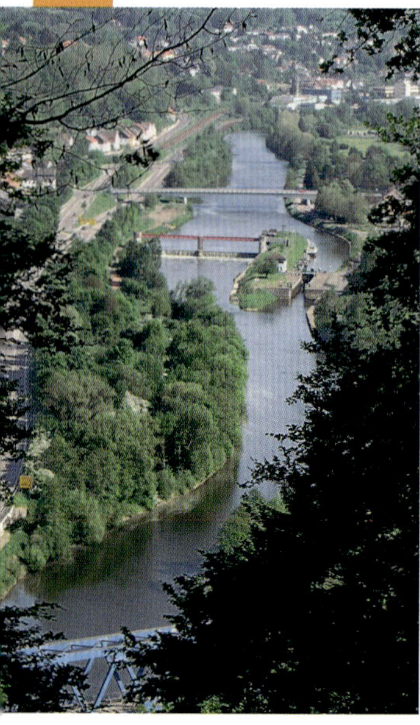

Blick vom Sonnenberg auf die Saar und die Güdinger Schleuse.

Diese Buntsandsteinfelsen sind vor rund 240 Millionen Jahren im Buntsandstein-Erdzeitalter entstanden. Damals herrschte bei uns ein Wüstenklima. Vor allem durch die heftigen Stürme wuchsen binnen zehn Millionen Jahren riesige Sandschichten heran, die in weiteren Millionen von Jahren zu Sandstein zusammengepresst wurden.

Die heute schroffen und bizarren Felshänge gehen auf die Saar und ihre Nebenflüsse zurück, die sich vor etwa zwei Millionen Jahren in die Sandsteinschichten eingegraben haben. Bis drei Meter mächtige violette Schichten trennen den mittleren vom oberen Buntsandstein. Die Waben sind typisch für die Verwitterung des Buntsandsteines. Auf manchen Felsen erkennt man auch weiße Kalkablagerungen. Sie stammen von dem Muschelkalkboden, der hier auf dem Sonnenberg schon das nächste Erdzeitalter nach dem Buntsandstein anzeigt: den Muschelkalk, ehemals Meeresboden.

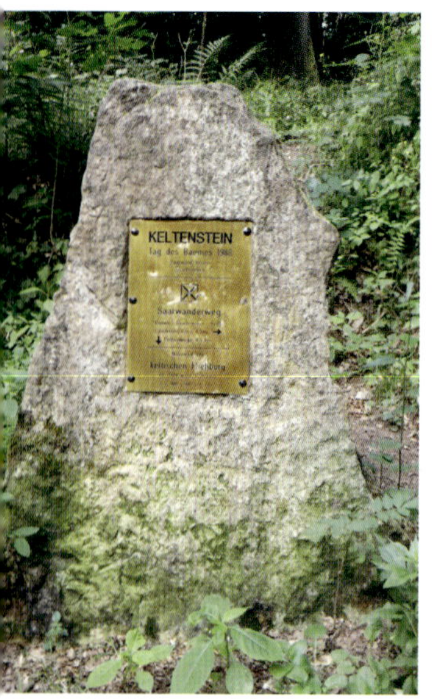

Der Keltenstein erinnert an die erste Besiedlung Saarbrückens.

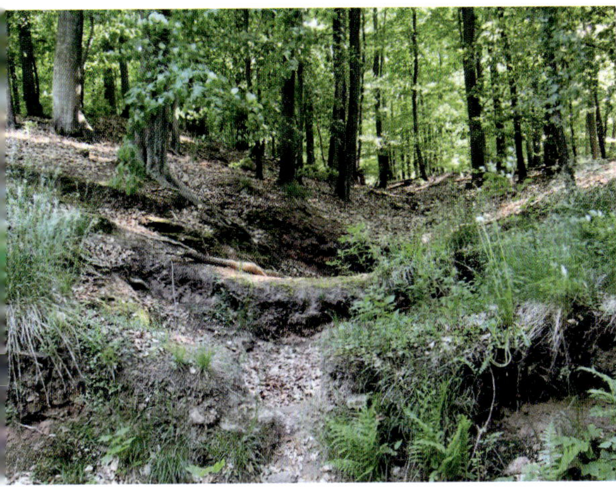

Überreste des keltischen Ringwalls.

Wir kehren zurück auf die asphaltierte Waldstraße und folgen ihr links bergauf bis zum Keltenstein.

Der Keltenstein erinnert an die Fliehburg, die hier zwischen 800 und 500 vor unserer Zeitrechnung von dem keltischen Stamm der Mediomatriker gebaut worden war. Sie war sowohl Festung als auch befestigte Bergstadt. Hier lebten also die ersten „Saarbrücker". Noch heute sieht man als Überreste die Gräben und Steine, die zum Teil ausgegraben wurden.

Nach einer Rast am Keltenstein folgen wir dem linken Waldweg. Er führt uns durch einen arten- und abwechslungsreichen Laubmisch-Hochwald ebenerdig bis zum Parkhaus der Sonnenberg-Klinik. Achtung – kurz vor dem Parkhaus gabelt sich der Weg an einer dicken Buche! Wir nehmen den rechten Weg.

Der linke Weg führt zwar auch zur Sonnenberg-Klinik, ist aber stark abschüssig und an seinem unteren Ende für Kinderwagen und Rollstuhlfahrer wegen eines Grabens nicht zu passieren.

Das Parkhaus finden wir links zum Kreisel, wo wir auf die Bushaltestelle treffen.

Tour 10

Mit Stengel durch das barocke Alt-Saarbrücken

Alt-Saarbrücken zwischen Schloss und Ludwigskirche, das ist die Domäne des Barockbaumeisters Friedrich Joachim Stengel. Auf Schritt und Tritt begegnen wir den liebevoll restaurierten Zeugnissen seiner Baukunst. Ausgangs- und Endpunkt des Rundweges ist das Schloss, wobei wir noch einen Abstecher zum alten Saarkran an der Saar machen.

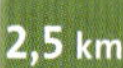

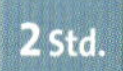

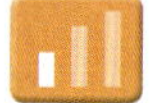
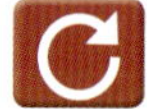

Start und Ziel:
Saarbrücker Schlossplatz

Bus/Bahn:
Saarbahnbus, Linie 105, 108 und 121, Haltestellen Schlossplatz (Gehbehinderte und Rollstuhlfahrer) oder Spichererbergstraße

Wegbeschaffenheit:
mit Ausnahmen der Treppen am Schlossgarten und an der Schlosskirche hoch zum Schloss asphaltierte und mit Platten belegte Gehwege.

Kategorie:
leicht, Ausnahme: Treppenaufstiege

Wegbeschreibung

Von der **Spichererbergstraße** aus erklimmen wir die 70 Stufen durch den Schlossgarten. Auf halber Höhe gönnen wir uns eine kleine Verschnaufpause und blicken nach Osten. Rechts, fast direkt unter uns, sehen wir das neoklassizistische Gebäude des saarländischen Landtages, das einst ein Casino war. Links blicken wir saaraufwärts auf den Halberg im Osten. Aus dem bewaldeten Bergkegel ragt der Sendemast des Saarländischen Rundfunks hervor.

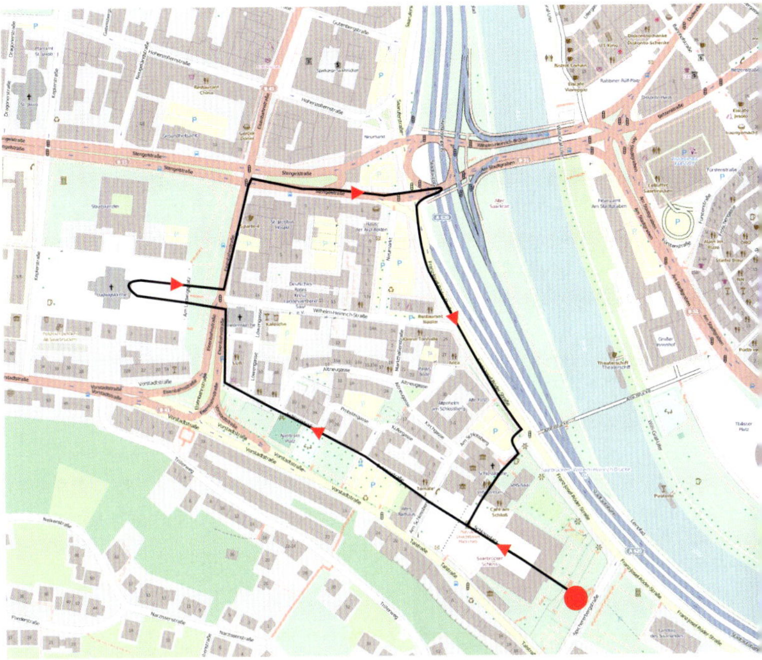

Auf dem Schlossplateau angekommen, durchschreiten wir den Mittelbau des Schlosses. Nach den Zerstörungen im Zweiten Weltkrieg wurde dieser nach einem Entwurf des Architekten Gottfried Böhm von 1982 bis 1998 grundlegend saniert. Als Stahlskelettbau mit viel Glas gelingt es dem Mittelbau, Vergangenheit und Gegenwart miteinander zu verbinden. Vor der Tür zum Schlossplatz beginnt die Tour für Gehbehinderte und Rollstuhlfahrer.

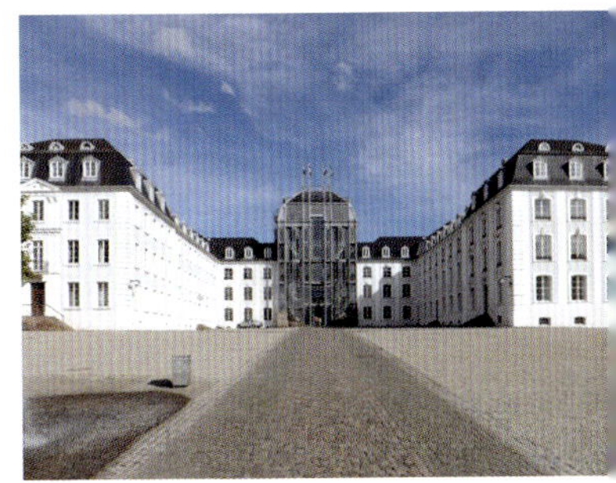

Blick vom Schlossplatz auf den neuen Mittelbau des Schlosses.

Das Schloss wurde 1738 von Friedrich Joachim Stengel auf den Resten der früheren Burg- und Schlossanlagen erbaut. Über das

Historische Museum, das sich im rechten Teil befindet, kann man Teile der früheren Burganlage und die Kasematten besuchen. Heute ist das Schloss Verwaltungssitz des Regionalverbandes Saarbrücken.

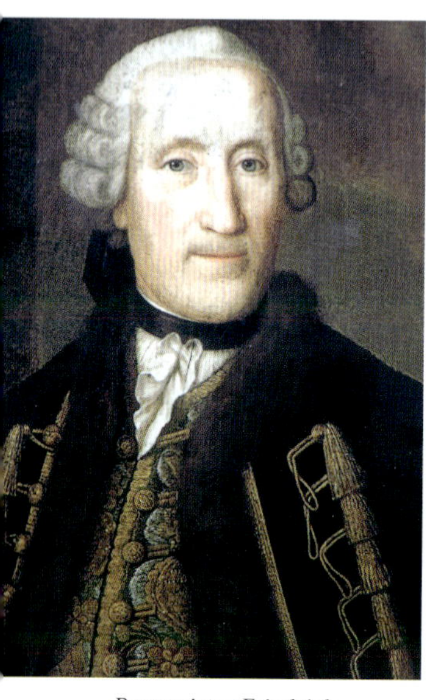

Baumeister Friedrich Joachim Stengel.

i Friedrich Joachim Stengel wurde am 29. September 1694 in Zerbst/Anhalt geboren. Als Geometer und Ingenieur für Befestigungsanlagen wirkte er zunächst im Herzogtum Sachsen-Gotha-Altenburg, dann als Hofarchitekt beim Fürsten von Nassau-Usingen. Ab 1735 wurde er für den Grafen Wilhelm Heinrich von Nassau-Saarbrücken tätig. Zu seinen bedeutendsten Saarbrücker Werken gehören der Wiederaufbau des Schlosses sowie der Bau der Ludwigskirche und der Saarkran. Seine beiden Söhne Johann Friedrich und Balthasar Wilhelm wurden ebenfalls Architekten. Balthasar Wilhelm war ab 1785 Oberbaudirektor von Saarbrücken. Friedrich Joachim Stengel starb am 10. Januar 1787 in Saarbrücken.

Stengel hat auch von 1738 bis 1748 den Schlossplatz konzipiert, der mit Ausnahme des Volkshochschulzentrums zur Rechten noch heute von barocken Häusern umgeben ist. Der Platz ist ein beliebter Treffpunkt und Veranstaltungsort, u. a. auch für den Alt-Saarbrücker Weihnachtsmarkt.

Vom Schloss aus blicken wir über das gegenüberliegende ehemalige Rathaus von Alt-Saarbrücken, ebenfalls nach Stengels Plänen 1749/50 erbaut. Auf dem Weg dahin schreiten wir über Pflastersteine. Diese gehören zum Platz des Unsichtbaren Mahnmals. Er wurde 1990 bis 1993 von Kunstprofessor Jochen

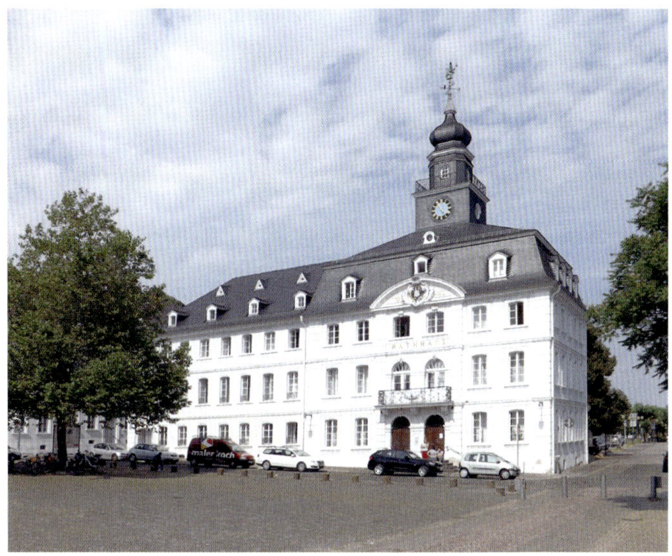

Das ehemalige Rathaus von Alt-Saarbrücken.

Gerz und seinen Studenten angelegt. Auf den Unterseiten der Pflastersteine wurden die Namen von 2140 jüdischen Friedhöfen eingeritzt. Heute befindet sich im ehemaligen Rathaus die Verwaltung der Saarbrücker Volkshochschule.

Wir überqueren die Straße „Am Schlossberg", die von rechts auf die **Schlossstraße** stößt. Auf dieser bleiben wir. Links befindet sich eine große Platanenanlage mit Parkplätzen und einem Spielplatz.

An der Einmündung der **Schlossstraße** in die **Eisenbahnstraße** biegen wir rechts ab und folgen ihr bis zur Fußgängerampel, ca. 100 Meter weiter an der ebenfalls von Stengel erbauten Friedenskirche, die heute von Altkatholiken und Orthodoxen als Gotteshaus genutzt wird.

Wir überqueren die **Eisenbahnstraße** nach links. Vor uns breitet sich der Ludwigsplatz mit der Ludwigskirche am anderen Ende und dem barocken Ensemble links und rechts von ihr aus.

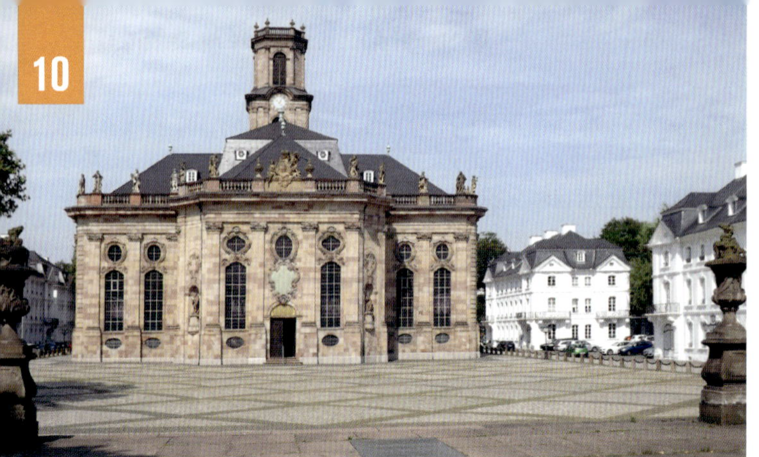

Der Ludwigsplatz mit der Ludwigskirche.

Der Platz ist über elf Treppenstufen oder, für Gehbehinderte und Rollstuhlfahrer, über eine Rampe am rechten Ende zu erreichen.

Die Ludwigskirche, 1762 bis 1775 von Stengel erbaut, ist das Wahrzeichen von Saarbrücken. Ihren Namen erhielt sie von Ludwig, dem Sohn des Fürsten Wilhelm Heinrich. Sie ist eine der bedeutendsten evangelischen Kirchen Deutschlands in der Barockzeit. Ein Blick in das weiße Innere der Kirche lohnt sich. Mit Ausnahme des Fußbodens aus Sandstein erstrahlt der Innenraum in Weiß. Die Kirche ist in die Breite ausgerichtet. Altar, Kanzel und Orgel sind übereinander angeordnet, was für eine lutherische Kirche eher ungewöhnlich ist, doch von Baumeister Stengel so gewollt war.

Der Ludwigsplatz samt Ensemble wurde nach dem Willen von Fürst Wilhelm Heinrich von Nassau-Saarbrücken dem Place Royal in Nancy nachempfunden. Rechts von der Ludwigskirche befindet sich die saarländische Staatskanzlei, der Amtssitz der saarländischen Ministerpräsidenten.

Wir folgen der **Eisenbahnstraße** nach links bis zur Kreuzung mit der **Stengelstraße**. Wir benutzen dort die Fußgängerampel nach rechts und folgen der Stengelstraße über weitere Fußgängerampeln am Kreisel bis auf die **Wilhelm-Heinrich-Brücke**.

Dort sehen wir unterhalb davon auf dem linken Saarufer den Alten Saarkran. Auch er ist ein Werk Stengels, der ihn 1761 errichten ließ. Nach seinem Verfall wurde er erst 1991 wieder aufgebaut. Wer will, steigt an der Brücke die Treppe hinab und steht nach wenigen Metern vor dem Alten Saarkran.

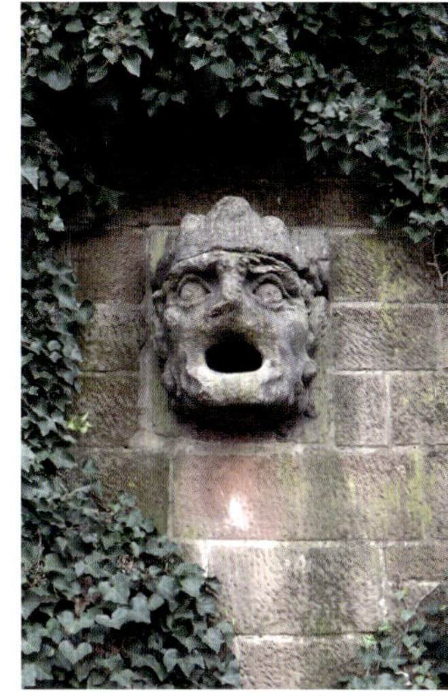

Die Fratze des „Geizigen Bäckers“.

Wir laufen über den Kreisel zurück und biegen nach links in die **Franz-Josef-Röder-Straße**. Rechts von uns mündet nach ca. 100 Metern die **Wilhelm-Heinrich-Straße** mit ihren barocken Beamtenhäusern ein, ebenfalls von Stengel errichtet.

Wir gelangen zum Parkplatz „Am Schlossberg“, der an seinem östlichen Ende von der alten, efeuüberrankten Burg- und Schlossmauer eingerahmt wird. Dort entdecken wir auch eine steinerne Fratze, von der behauptet wird, es wäre die des „Geizigen Bäckers“.

Der Sage nach lebte in Saarbrücken ein reicher, aber hartherziger Bäcker. Auch in Hungerszeiten wies er Arme schroff ab. Dies beobachtete eine Zofe der Fürstin und berichtete ihr davon. Die Fürstin verkleidete sich als Bettlerin und bat den Bäcker um ein Stück Brot. Auch diese jagte der Geizhals mit üblen Worten davon.

Daraufhin beauftragte die Fürstin ihren Hofsteinmetz eine Fratze des geizigen Bäckers herzustellen, die zum Gespött aller Saarbrücker als Speier des schmutzigen Wassers an der Alten Brücke angebracht wurde. Später wurde die Fratze in die Schlossmauer eingebracht, wo sie sich heute noch befindet.

Direkt vor uns erhebt sich die Schlosskirche. Das spätgotische Gotteshaus wurde im 15. Jahrhundert vom Steinmetz Meister Hans erbaut. Stengel setzte ihr im 18. Jahrhundert eine barocke Haube auf. Seit 2004 beherbergt sie das Museum für Sakralkunst.

Gehbehinderte und Rollstuhlfahrer benutzen jetzt die Straße **„Am Schlossberg“**, die sie wieder hinauf zum Schlossplatz führt. Zwischen dem Schlosscafé und dem Schloss führt ein breiter Weg in den Schlosspark.

Alle anderen besteigen am Ende der Schlossmauer die Treppe, die sie über 70 Stufen hoch zum Schlosspark führt. Am Ende der Treppe befindet sich ein Gedenkstein mit der Aufschrift „Den Opfern zum Gedenken, uns zur Mahnung nie wieder Faschismus“. Von der Schlossmauer aus genießen wir einen herrlichen Panoramablick über die Saar hinüber zur Schwesterstadt St. Johann: links von uns die Alte Brücke aus dem Jahr 1546/47, rechts gegenüber der Schlossmauer das Staatstheater und links der Saar entlang die Stadtautobahn (BAB 620).

Während der warmen Jahreszeit befindet sich im Schlosspark auch ein Biergarten, aber auch das Schlosscafé am Schlossplatz lädt zur Einkehr ein.

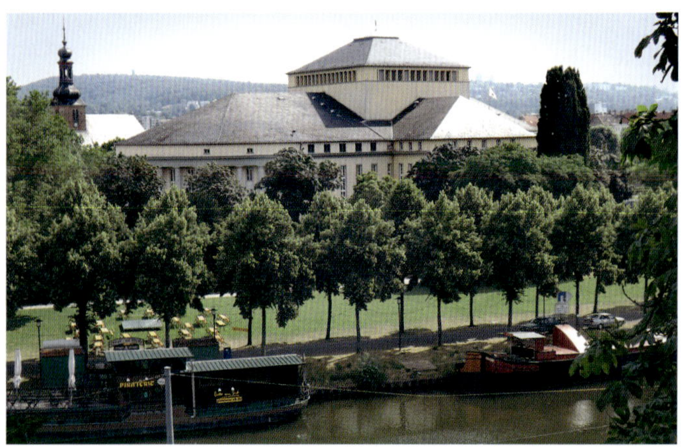

Blick auf das Staatstheater.

Auf den Spicherer Höhen und im Deutsch-Französischen Garten

Am Campingplatz am Spicherer Weg überschreiten wir die deutsch-französische Grenze und erklimmen die Spicherer Höhen bis zum Restaurant Woll und der französischen Erinnerungsstätte an die Schlacht am 6. August 1870. Von dort aus wandern wir unterhalb des Restaurant Woll über einen Pfad die Höhen wieder hinab, vorbei an zahlreichen deutschen Ehrenmälern und dem Ehrenfriedhof. Zu Fuß oder mit dem Bus gelangen wir zum Deutsch-Französischen Garten, wo wir auf dem Ehrenfriedhof das Grab von „Schultze Kathrin" besuchen. Mit einem Rundgang durch den Garten lassen wir unsere Tour ausklingen.

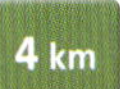

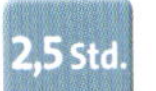

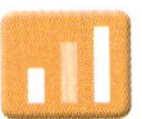
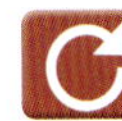
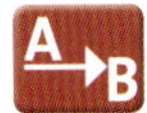

Start:
Campingplatz am Spicherer Weg

Ziel:
Spicherer Höhen und Deutsch-Französischer Garten

Bus/Bahn:
123, Haltestelle „Spicherer Weg"
Deutsch-Französischer Garten: 123, Haltestelle „DFG Süd"

Wegbeschaffenheit:
steiler Aufstieg auf Spicherer Höhen über breiten, steinigen Weg, streckenweise sehr steiler Abstieg über einen schmalen Pfad. Wanderstöcke sind hier von Vorteil. Für Gehbehinderte sowie Kinderwagen und Rollstuhlfahrer nicht geeignet. Für sie empfiehlt sich die Auffahrt über die Straße „Am Zollstock" bis zum Restaurant Woll. Im Deutsch-Französischen Garten: breite, befestigte und größtenteils ebene Wege.

Länge der Tour:
Spicherer Höhen: 4 km; Campingplatz – Deutsch-Französischer Garten: 4 km

Gehzeit in h:
Spicherer Höhen: 2 Stunden; Deutsch-Französischer Garten zu Fuß vom Campingplatz: 2,5 Stunden; Deutsch-Französischer Garten mit Bus: 1 Stunde

Kategorie:
Auf- und Abstieg: schwer; Deutsch-Französischer Garten: leicht

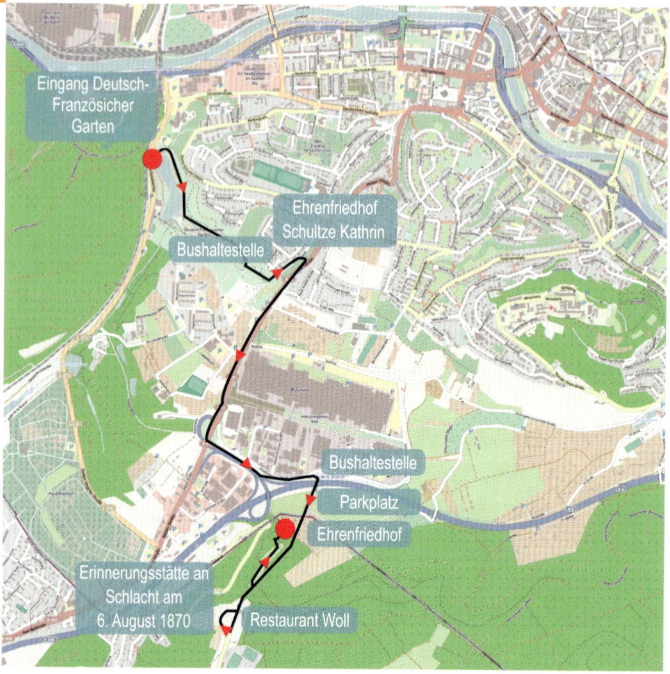

Wegbeschreibung

Direkt hinter dem Campingplatz überschreiten wir die deutsch-französische Grenze, an die heute nur noch ein im Gras versteckter Grenzstein erinnert. Wir folgen dem breiten, aber steinigen Weg geradeaus. Etwa 200 Meter, dort wo links und rechts der Wald beginnt, führt uns dieser Weg steil bergauf bis unterhalb des Restaurants Woll, wo links ein weiterer Waldweg in unseren Weg einmündet.

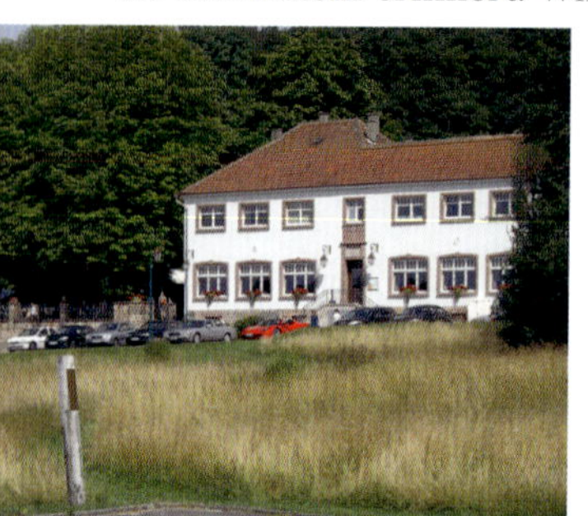

Das Restaurant Woll auf den Spicherer Höhen.

Unser Aufstieg ist auch zu kühleren Jahreszeiten schweißtreibend, und wir können nur ahnen, welche

Strapazen die vereinten deutschen Soldaten in der Schlacht am 6. August 1870 auf sich nehmen mussten.

Die Schlacht am 6. August 1870 an und auf den Spicherer Höhen war eine der blutigsten und verlustreichsten während des Deutsch-Französischen Krieges. Die Franzosen hatten zunächst Alt-Saarbrücken besetzt und zogen sich beim Anrücken der preußischen Truppen auf die Spicherer Höhen zurück, die damals noch nicht bewaldet waren. Von hier aus hatten sie in ihren Schützengräben und Barriereeinschnitten, die heute noch zu erkennen sind, die für sie besten Verteidigungsmöglichkeiten.

Unter sehr hohen Verlusten (850 Tote und 4000 Verwundete) mussten die preußischen Truppen die Höhen erstürmen. Aber auch die Franzosen hatten 320 Tote, 1660 Verwundete und 2100 Gefangene zu beklagen. Die Eroberung der strategisch wichtigen Spicherer Höhen hatten die Preußen nur der Unentschlossenheit der Franzosen zu verdanken, die sich schließlich ins Landesinnere zurückzogen.

Der 6. August war ein sehr heißer Tag. Wasser war Mangelware. In dem Gemetzel und Elend machte sich auf beiden Seiten eine Frau verdient: Katharine Weißgerber, genannt „Schultze Kathrin", auf die wir später noch zu sprechen kommen.

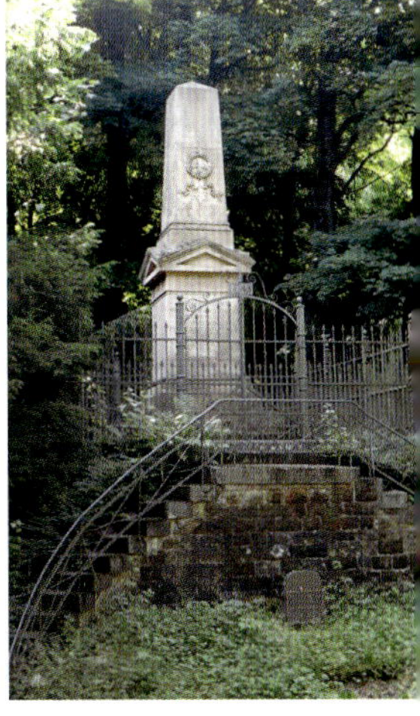

Eines der Ehrenmale des deutschen Regiments.

Wir bleiben auf besagtem Weg und begegnen nun links und rechts des Weges mehreren deutschen Ehrenmälern, die an die verschiedenen Regimenter und Generäle erinnern, die hier gekämpft haben und gefallen sind. Sie wurden alle nach dem Deutsch-Französischen Krieg errichtet und von den Franzosen nicht beseitigt, als Lothringen nach 1918 wieder zu Frankreich kam.

Schließlich erreichen wir linker Hand das Restaurant Woll, einem alten und inzwischen mehrfach restaurierten lothringischen Landgasthof mit schöner Gartenwirtschaft unter hohen Kastanienbäumen (Öffnungszeiten unter www.restaurant-woll.com), in das wir nach unserem Besuch der französischen Gedenkstätte einkehren können. Wir sehen über Wiesen das bereits 1934 errichtete weiße Kreuz zu unserer Rechten und erreichen die Erinnerungsstätte über den asphaltierten **Place de Général Charles Michelier** und den **Place du Souvenir français**.

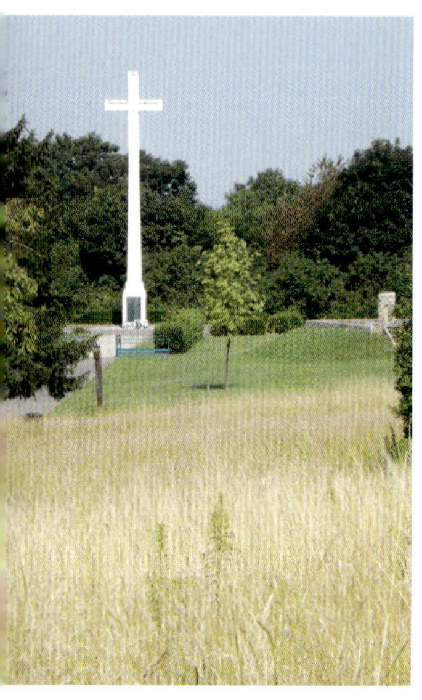

Das weiße Kreuz erinnert an die Schlacht am 6. August 1870.

Heute sind die Spicherer Höhen und der Deutsch-Französische Garten sowohl Erinnerungs- als auch Begegnungsstätten für Deutsche und Franzosen, die längst gute Nachbarn und Freunde geworden sind.

Unser Rückweg beginnt, indem wir den Hinweg ca. 150 Meter zurücklaufen bis zum Ehrenmal Auguste de Beurman zur unserer Linken. Dort folgen wir dem schmalen Pfad abwärts durch eine Wiese, bis wir links von uns zum Ehrenmal von Bruno von François gelangen. Nun geht es wieder durch den Wald. Dort halten wir uns rechts und bleiben auf diesem Pfad, der steil bergab zu einem kleinen Ehrenfriedhof führt. Wanderstöcke, sofern nicht schon beim Aufstieg benutzt, können hier hilfreich sein. Links und rechts des Pfades erkennen wir die ehemaligen Schützengräben und Barriereeinschnitte.

Wir verlassen den Ehrenfriedhof rechts und sind nach ca. 100 Metern wieder auf dem Hauptweg, der uns nach links zum Campingplatz führt. Dort können wir wählen, ob wir mit dem

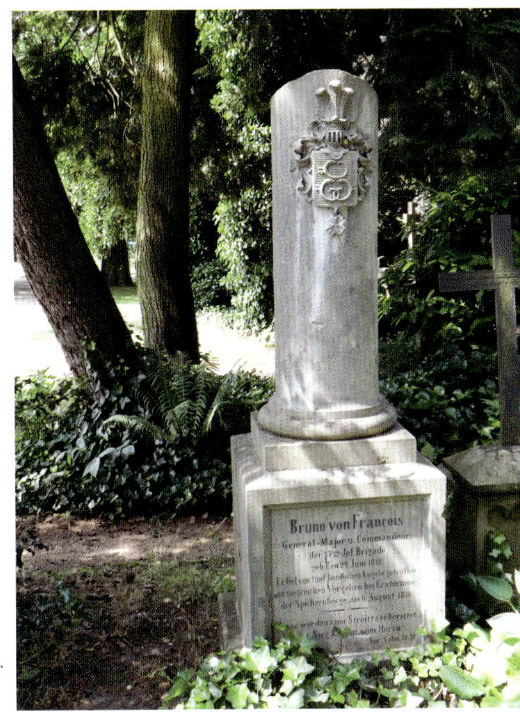

Das Ehrenmal für Bruno von François.

Auto fahren oder den Bus zum Deutsch-Französischen Garten nehmen und die Strecke über den **Spicherer Weg**, dann links über die **Untertürckheimer Straße** bis zum Kreisel und dann rechts über die **Metzer Straße** zum Südeingang laufen. Vom Südeingang sind es nur etwa 150 Meter, bis wir rechts von uns auf den Ehrenfriedhof gelangen. Der Weg ist beschildert. Dort hat auch Katharina Weißgerber ihre letzte Ruhe gefunden.

Der Deutsch-Französische Garten ist 50 Hektar groß. Er wurde 1960 auf dem ehemaligen Kampfgebiet als Zeichen der Freundschaft, Begegnung, Aussöhnung und des Friedens eröffnet. Der Eintritt ist kostenlos.

Katharine Weißgerber, in Saarbrücken bekannt als „Schultze Kathrin“, lebte von 1818 bis 1886. Sie war Haushaltshilfe und

Kindermädchen bei der Familie Schultze in Saarbrücken. Während des Deutsch-Französischen Krieges hat sie unter Einsatz ihres Lebens am Spicherer Berg verwundeten deutschen und französischen Soldaten geholfen und für Sterbende einen Priester gesucht. Für ihren Einsatz und Mut wurde sie von Kaiser Wilhelm I. mit dem „Verdienstkreuz für Frauen und Jungfrauen“ ausgezeichnet. Die Saarbrücker bestatteten sie im „Ehrental“, dem heutigen Ehrenfriedhof im Deutsch-Französischen Garten. Ihr Grabstein trägt die Inschrift: „Dem heldenmütigen Mädchen zum ehrenden Gedächtnis gewidmet von ihren Mitbürgern“.

Wer mag, kann nun noch den Deutsch-Französischen Garten in Richtung Nordausgang durchwandern, vorbei an zahlreichen Blumenrabatten und -gärten, Hainen, Wasserspielen und dem Deutschmühlen-Weiher mit seiner Wasservogelwelt. Am Nordausgang können wir die Buslinie 126 nehmen und zum Ausgangspukt der Tour zurückkehren.

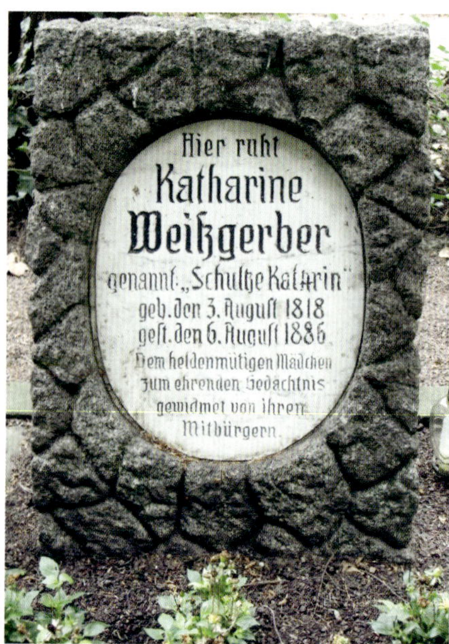

Das Grab der Katharina Weißgerber, genannt „Schultze Kathrin“.

Durch die Stille der Ewigkeit

Ein Rundgang über den Saarbrücker Hauptfriedhof

Während unseres Rundgangs über den Saarbrücker Hauptfriedhof entdecken wir nicht nur verschiedene Bestattungskulturen, die auch im Zusammenhang mit der Geschichte der Stadt stehen, sondern durchlaufen auch einen durch Landschaft und Baumbestand sehr ansprechenden Park. Er dient den Lebenden zur Ruhe, Erholung und Besinnung.

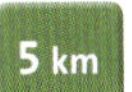

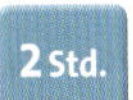

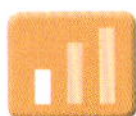
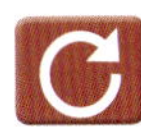

Start:
Haupteingang an der Dr.-Vogeler-Straße

Ziel:
Haupteingang

Bus/Bahn:
Bus: 123, 126, Haltestelle „Habsterdick"

Wegbeschaffenheit:
breite, ebene, asphaltierte oder befestigte Wege, die auch für Gehbehinderte sowie Kinderwagen und Rollstuhlfahrer geeignet sind

Wegbeschreibung

Wir betreten den Hauptfriedhof durch den Haupteingang und folgen dem Hauptweg nach rechts. Er wird überwiegend und wie fast alle Wege und viele Grabstätten von hohen Buchen, Eichen, Birken, Fichten, Thujas und Mammutbäumen umsäumt.

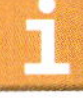

Der Saarbrücker Hauptfriedhof wurde 1914 als Begräbnisstätte für gefallene Soldaten angelegt. 1926 wurde er für zivile Bestattungen erweitert. Mit einer Fläche von 61 Hektar ist er heute der größte Friedhof Südwestdeutschlands. Insgesamt unterhält Saarbrücken 26 Friedhöfe.

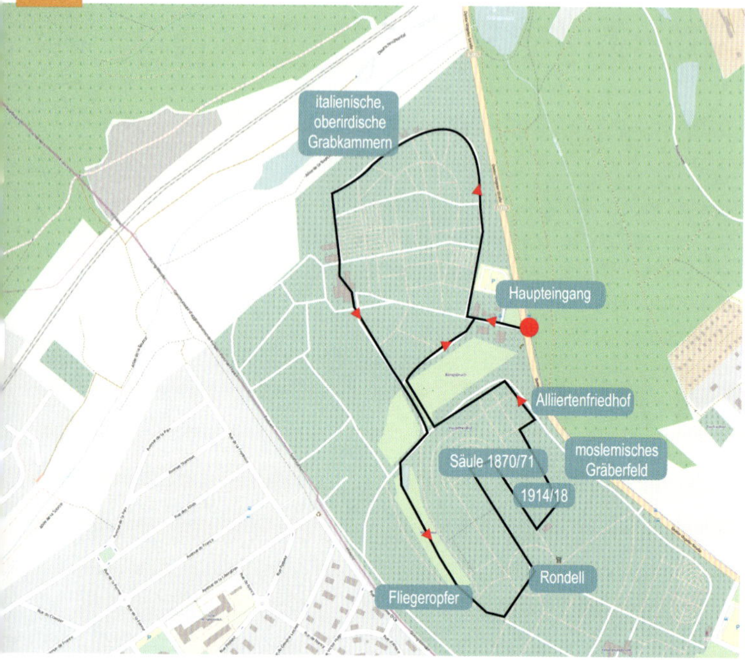

Unser Weg beschreibt einen Linksbogen. Dort am Gräberfeld 133 rechts des Weges stehen wir vor weißen, oberirdischen Grabkammern, eine Bestattungsart, die aus Italien stammt.

Hier haben überwiegend italienische Mitbürger in Särgen oder Urnen ihre letzte Ruhe gefunden. Jede belegte Kammer ist mit Namen und Blumen versehen und oft auch mit Marmorengeln geschmückt.

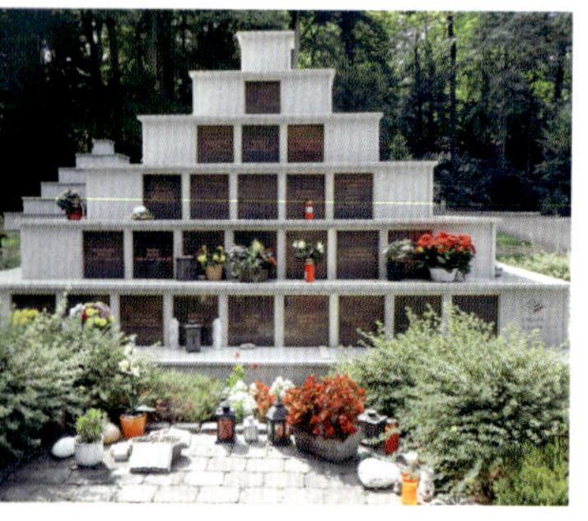

Die Urnenpyramide nahe der Einsegnungshalle.

Wir folgen dem Weg weiter, der uns nach einer weiteren Linksbiegung zur neuen Einsegnungshalle aus dem Jahr 1965 führt. Vor der Halle auf der linken Seite des Weges sehen wir das sogenannte Fötenfeld.

Auf Initiative der „Partnerschaft am Friedhof“ wurde hier eine kleine Begräbnisstätte geschaffen, in der Eltern ihre totgeborenen Föten bestatten lassen können. Davon zeugen auch die zahlreichen Engel und Spielsachen, mitunter auch Namenstäfelchen, die dort abgelegt wurden. In der Mitte steht eine weiße Skulptur von Jörg Schneider.

Links der Einsegnungshalle stehen zwei weiße Urnenpyramiden mit etwa vier Metern Höhe.

Diese wurden 2012 eingerichtet. Jede dieser Stufenpyramiden, die denen des alten Ägyptens nachempfunden wurden, besteht aus Granit und beinhaltet 121 Grabkammern, die durch eine Kupfertür verschlossen sind.

Unser Weg führt uns geradeaus weiter. Am sogenannten Königsbruch öffnet sich die Landschaft. Links und rechts breiten sich nun Wiesen aus. Auf der linken Wegseite erheben sich aus der Wiese zwei mächtige und ausladende Weiden.

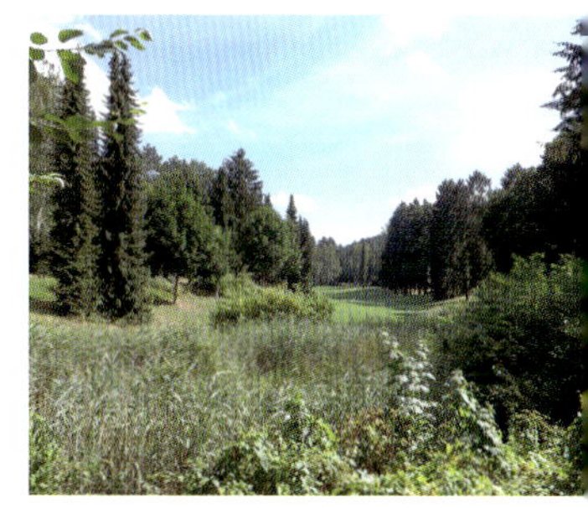
Blick in das lang gezogene Wiesental.

Wir durchwandern den Königsbruch und stoßen auf der anderen Seite auf einen weiteren Hauptweg, dem wir nach rechts folgen. Links von uns erstreckt sich ein weiteres lang gezogenes Wiesental, aus dem sich einzelne Baumgruppen, zumeist Fichten, erheben. Am oberen Rand des Tales biegen wir links in einen Seitenweg hinein, der uns an die Gräber der Opfer der Fliegerangriffe auf Saarbrücken 1942–1945, die 234 Menschen das Leben kosteten, führt.

Nach wenigen Metern geradeaus gelangen wir wieder auf einen Hauptweg. Rechts sehen wir jenseits des Zaunes Häuser: das bereits französische Stiring-Wendel.

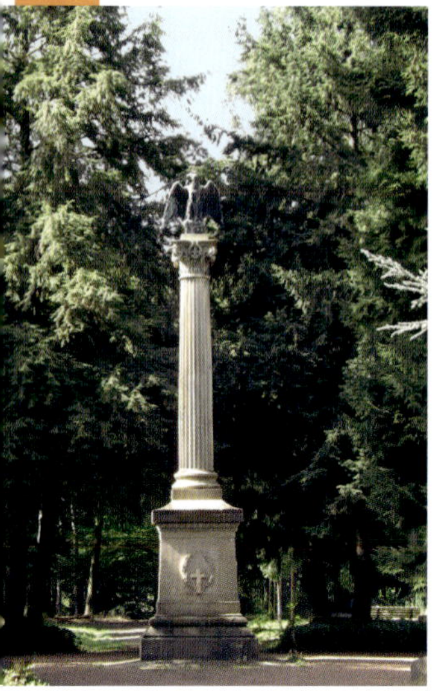

Die Siegessäule, die an den Deutsch-Französischen Krieg 1870/71 erinnert.

Wir biegen jedoch nach links ab und entdecken auf der rechten Seite mehrere alte Grabstätten, die zum Teil nicht mehr gepflegt werden. Unser Weg mündet in ein großes Rondell mit zahlreichen Sitzbänken, die uns zur Rast einladen.

Nach links, im Uhrzeigersinn etwa auf neun Uhr, durchlaufen wir eine Allee, an deren Ende sich eine Siegessäule mit preußischem Adler befindet. Sie ist den Gefallenen des 77. Hannoverschen Infanterieregiments während des Deutsch-Französischen Krieges 1870/71 am Spicherer Berg (siehe Seite 77-82) gewidmet.

Nur wenige Meter links der Säule befindet sich das anonyme Gräberfeld. Auf einer steinernen Ablage am Rande können Blumen und weitere kleinere Erinnerungsstücke hinterlegt werden.

Zurück an der Säule folgen wir dem Weg zunächst nach rechts und dann wieder rechts. Diesen Weg laufen wir vor bis zu einem Wirtschaftsgebäude. Dort biegen wir links ab und gelangen auf die Gräberfelder der Gefallenen des Ersten Weltkrieges 1914-1918.

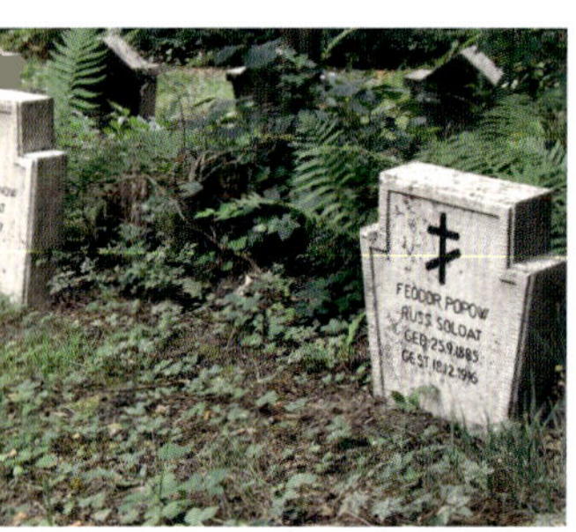

Die Gräber russischer Kriegsgefangener des Zweiten Weltkriegs.

Damals war Saarbrücken zwar keine Frontstadt. Die Front lag etwa 150 Kilometer westwärts in Frankreich. Von dort wurden die Toten und Verwundeten mit den Zügen hierher gebracht.

Auf den Inschriften ist oft zu lesen: „Er starb für Kaiser und Vaterland." Oder: „Er fiel auf dem Feld der Ehre." Für uns ist das heute ebenso schwer nachzuvollziehen wie dass es sich dabei um überwiegend junge Männer um die 20 bis 25 Jahre handelte.

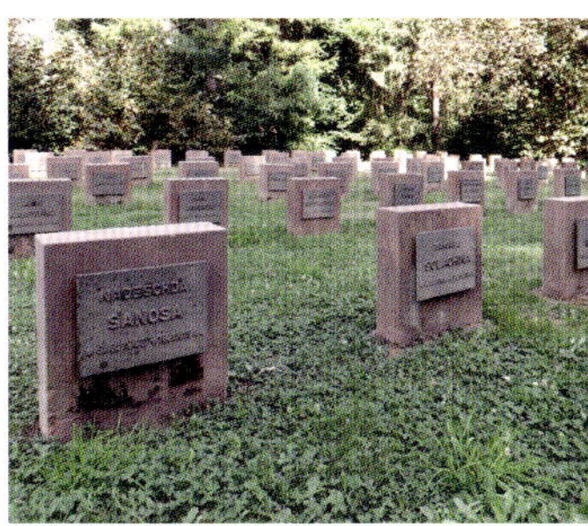

Der Alliiertenfriedhof für die Opfer der Gewaltherrschaft.

Auf unserem weiteren Weg stoßen wir auch auf Grabsteine mit dem orthodoxen Doppelkreuz und russischen Namen. Es handelt sich dabei um russische Kriegsgefangene, die hier ihr Leben lassen mussten und fern ihrer Heimat bestattet wurden.

Das gilt auch für die Marokkaner, die nach dem Ersten Weltkrieg als französische Soldaten das Saargebiet besetzten, hier verstarben und in schlichten Reihengräbern begraben wurden. Ihr Gräberfeld finden wir links unseres Weges.

Rechts unterhalb davon betreten wir das moslemische Gräberfeld. Alle Gräber sind nach Mekka ausgerichtet, die Grabsteine und -platten mit Inschriften des Korans und Symbolen des Islams versehen.

Wir verlassen das moslemische Gräberfeld geradeaus in Richtung Hauptweg und stoßen auf den Alliiertenfriedfhof. Hier sind nicht nur alliierte Soldaten bestattet, sondern vielmehr die Opfer der Gewaltherrschaft. In der Nähe des Hauptfriedhofes befand sich auch ein Gestapolager, das heute eine Gedenkstätte ist.

Wir bleiben auf dem Hauptweg, der uns nach links am Rand des Königsbruches vorbeiführt. Wir stoßen wieder auf den Weg, der uns durch den Königsbruch geführt hat. Wir biegen in ihn rechts ein, durchqueren das Tal und nehmen den nächsten Weg rechts, der uns geradeaus zum Haupteingang zurückführt.

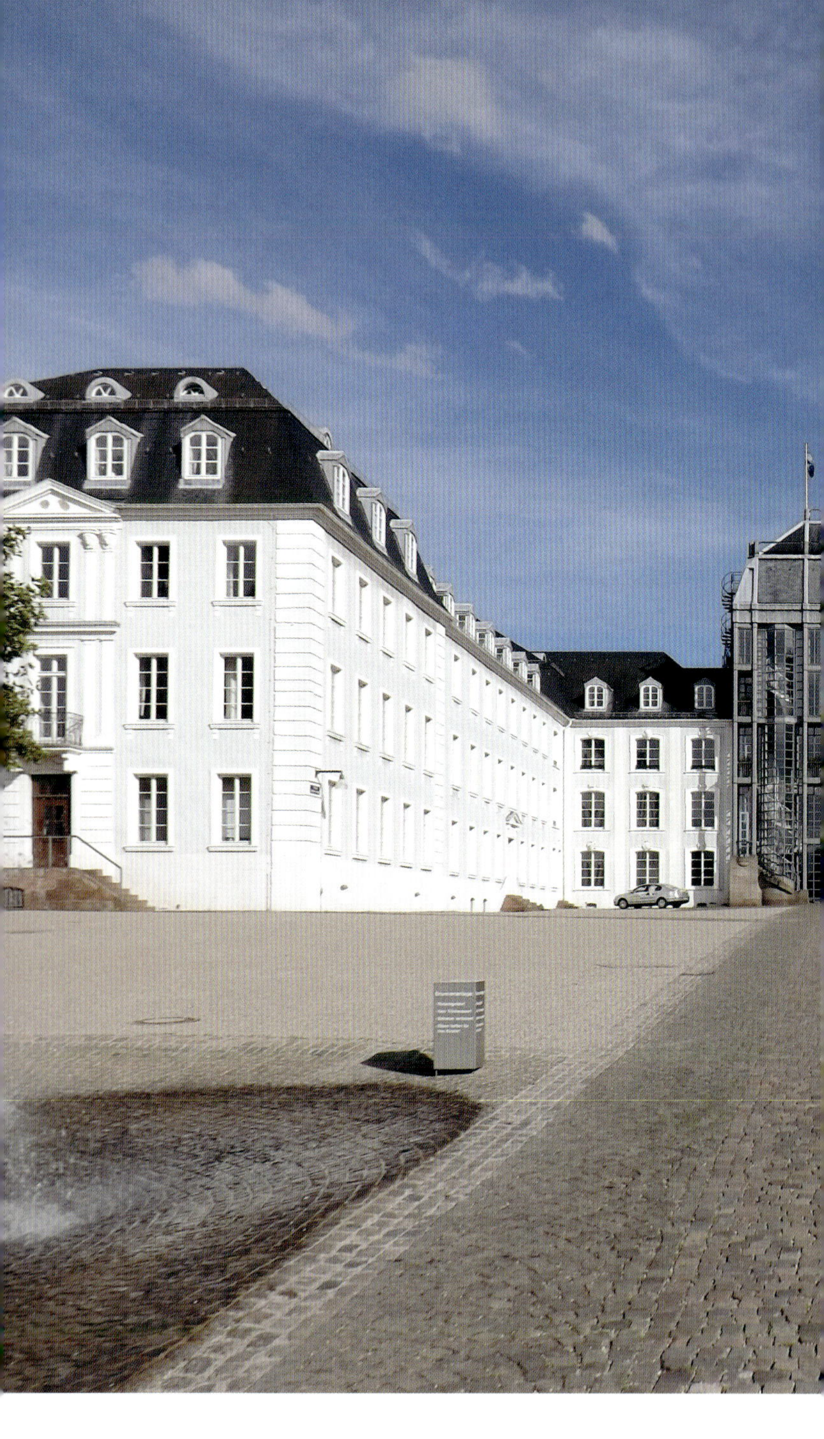

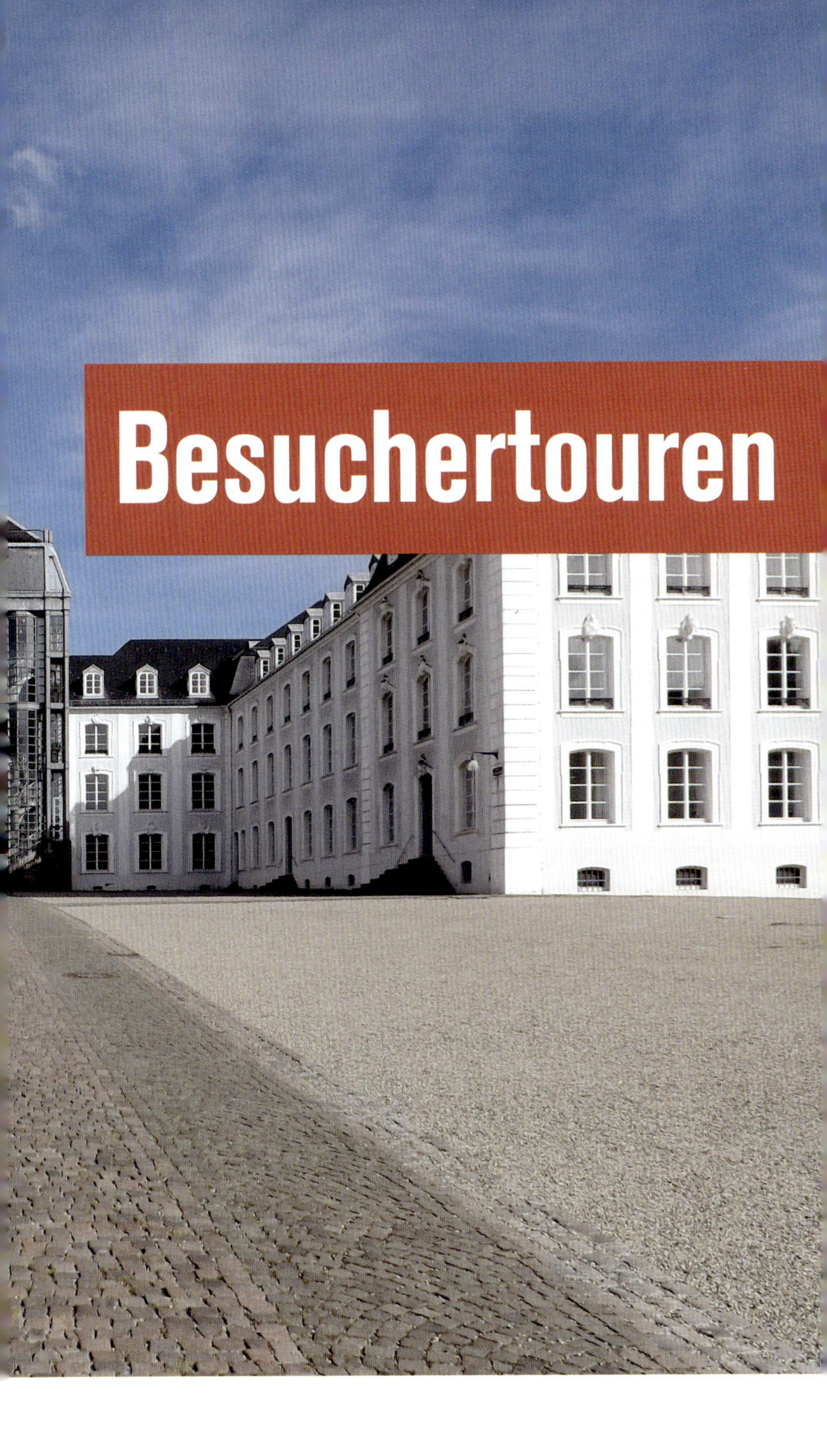
Besuchertouren

Tour 13

Wo Leben und Treiben, Handel und Wandel herrschen

Saarbrückens Herz pulsiert in St. Johann rechts der Saar. Zwischen Hauptbahnhof und St. Johanner Markt herrschen Leben und Treiben sowie Handel und Wandel. Hier ist immer etwas los. Vom Hauptbahnhof aus geht es über die Reichsstraße durch die Einkaufsmeile „Bahnhofstraße". Ein Abstecher führt uns zum Rathaus und zur gegenüberliegenden Johanneskirche. Von dort sind wir in wenigen Gehminuten auf dem St. Johanner Markt. Auf dem Rückweg flanieren wir über die neu gestaltete Berliner Promenade zum Hauptbahnhof.

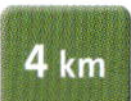

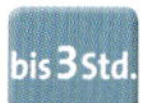

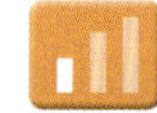
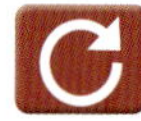

Start und Ziel
Hauptbahnhof Saarbrücken

Bus/Bahn:
Zug: aus allen Richtungen
Saarbahn: S 1
Bus: 102, 105, 108, 112, 121, 122, 123, 124, 125, 128

Wegbeschaffenheit:
asphaltierte Straßen und Wege. Für Gehbehinderte sowie Rollstuhlfahrer und Kinderwagen geeignet.

Wegbeschreibung

Ausgangspunkt und Ziel unserer Tour ist der Saarbrücken Hauptbahnhof, auch „Eurobahnhof Saarbrücken" genannt.

i

Er wurde am 16. November 1862 als Bahnhof St. Johann-Saarbrücken eröffnet. Ursprünglich war er ein 56 Meter langer und 13,50 Meter breiter Sandsteinbau, der zwischen zwei Gleisen stand. In den folgenden Jahrzehnten kamen immer mehr Gleise hinzu, sodass an dem Gebäude stets angebaut wurde. Mehrfach wurde an einen Neubau gedacht, der jedoch wegen der beiden Weltkriege zurückgestellt wurde.

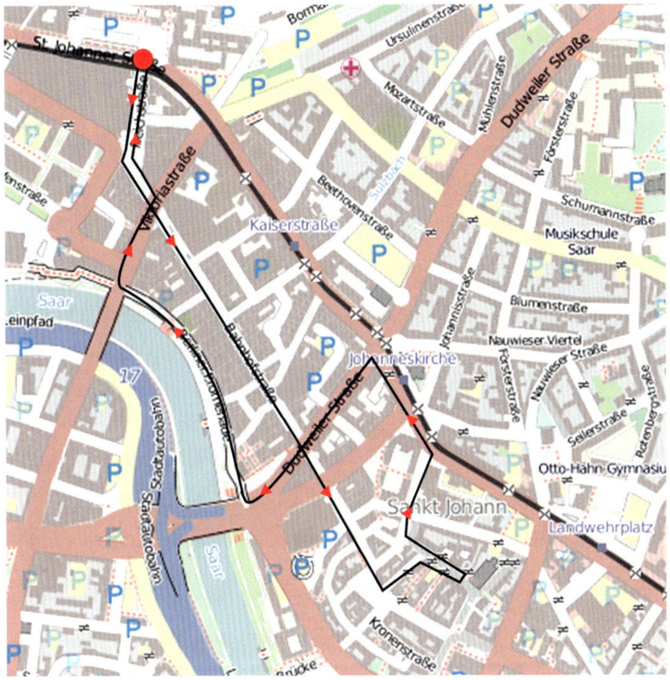

Im Zweiten Weltkrieg wurden 80 Prozent der Bahnanlagen zerstört. Nach provisorischen Übergängen wurde im September 1967 ein neues 120 Meter langes und 26 Meter hohes Gebäude eingeweiht. Ein erneuter, grundlegender Umbau erfolgte ab Mai 2006. Mit der offiziellen Einweihung am 15. Dezember 2007 wurde der Hauptbahnhof zum Eurobahnhof Saarbrücken. Er ist der größte Personenbahnhof des Saarlandes und wird jährlich von zehn Millionen Menschen genutzt.

Wir überqueren die **St. Johanner Straße**, falls wir mit dem Zug angereist sind. Rechts von uns sehen wir die Bus- und Saarbahn-Haltestelle „Hauptbahnhof", Start- und oft Endpunkt der Bus- und Saarbahnlinien. Nun sind wir in der **Reichsstraße**, wo auch die Fußgängerzone beginnt. Gleich rechts von uns lädt die Europagalerie zum ausgedehnten Einkaufsbummel ein. Sie

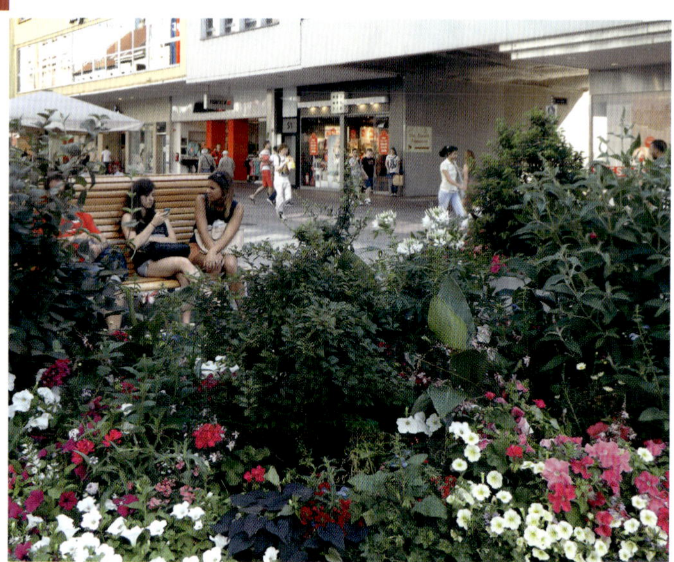

Die Bahnhofstraße lädt zum Bummeln ein.

wurde am 21. Oktober 2010 eröffnet und umfasst auf 25 000 Quadratmetern Fläche rund 110 Geschäfte auf drei Etagen.

i Mit integriert wurde auch das Gebäude der ehemaligen Bergwerksdirektion, Ecke Reichs-/Trierer Straße. Es wurde von 1877 bis 1880 von Martin Gropius und Heino Schmieden im Stil der florentinisch ausgerichteten Neurenaissance erbaut. An seine ursprüngliche Bestimmung erinnern noch verschiedene Figuren wie Bergmänner und Hüttenarbeiter an der Außenfassade, die bei der Sanierung und Umwidmung erhalten wurde.

Wir biegen nun links in die **Bahnhofstraße** und überqueren an der Fußgängerampel die **Viktoriastraße**.

Vor uns breitet sich die rund 1,5 km lange **Bahnhofstraße** aus. Sie wurde um 1852 als Verbindung zwischen dem damaligen Bahnhof und dem St. Johanner Markt gebaut, im Zweiten Weltkrieg fast vollständig zerstört und danach fast völlig wieder aufgebaut. 1990 wurde sie als die Saarbrücker Einkaufsmeile zur reinen Fußgängerzone umgewidmet. Auf beiden Seiten reihen sich große Kaufhäuser und kleinere Boutiquen aneinander, die zum Schauen und Shoppen einladen.

Wir gehen jedoch weiter und biegen nach etwa einem Kilometer links in die **Dudweiler Straße** ein. Nach ca. 400 Metern erreichen wir die **Großherzog-Friedrich-Straße**. Von uns aus gesehen auf der linken Straßenseite sehen wir die Johanneskirche und etwas versetzt auf der rechten Straßenseite das Saarbrücker Rathaus.

i

Die neugotische Johanneskirche wurde von 1895 bis 1898 von Heinrich Güth erbaut. Sie ist die größte evangelische Kirche im Saarland und ihr 74 Meter hoher Turm der höchste in Saarbrücken. Seit den 1950er-Jahren wurde sie schon mehrfach innen restauriert und zurzeit auch außen. Im südlichen Seitenschiff sind noch die originalen Bildfenster zu bewundern und im Außenbereich, sofern wieder zugänglich und einsehbar, die Steinfiguren von Christus, Johannes dem Täufer, Arnulf von Metz, Petrus und Johannes sowie Tierdarstellungen und Wasserspeier.

Gegenüber der Johanneskirche steht das Saarbrücker Rathaus.

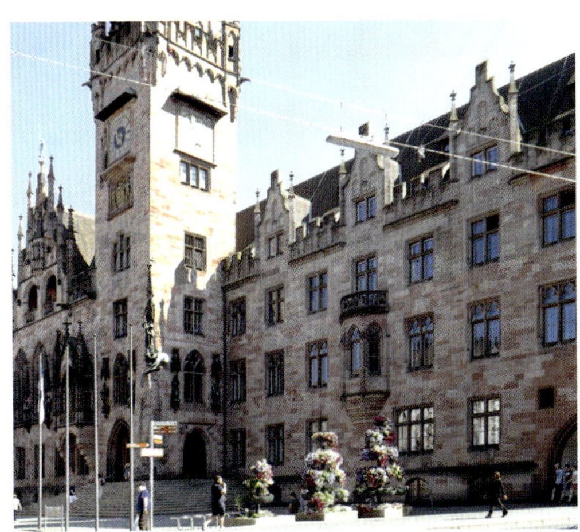

Das Saarbrücker Rathaus.

i Es wurde von 1897 bis 1899 von Georg Hauberisser im neugotischen Stil für die damals noch selbstständige Stadt St. Johann erbaut. Mit der Bildung von Groß-Saarbrücken 1909 wurde es Rathaus der gesamten Stadt. Von dem 54 Meter hohen Turm in der Mitte ertönt täglich von15.15 Uhr bis 19.19 Uhr ein Glockenspiel. Die Frontseite ist im Original erhalten und mit zahlreichen Sandsteinfiguren geschmückt.

Im Rathaus findet sich auch die Tourist-Information der Stadt, durch den Haupteingang, ein paar Treppenstufen hoch und gleich rechts, das zahlreiche Informationen über die Stadt bereithält.

Wir folgen dem Rathaus zur Rechten und biegen rechts in die **Kaltenbachstraße,** überqueren die **Gerberstraße** und gelangen links in die **Katholisch-Kirch-Straße**. Vor uns erhebt sich die Basilika St. Johann.

i Sie wurde von 1754 bis 1758 von Baumeister Friedrich Joachim Stengel errichtet. Über dem Eingangsportal erhebt sich der markante Zwiebelturm. Die Kirche wurde mehrfach zerstört, wieder aufgebaut und umgebaut. 1975 wurde sie von Papst Paul VI. zur Basilika erhoben. Im Innenraum wurde sie von 1972 bis 1975 nach dem originalen barocken Vorbild restauriert. Besonders auffallend ist die mit Gold verzierte Kanzel, die von dem Zimmermann Hackspill und dem Bildhauer Graner erschaffen wurde.

Wir laufen die **Katholisch-Kirch-Straße** wenige Meter zurück, biegen links in die Kappengasse und gelangen auf den **St. Johanner Markt**. Dieser ist das Herzstück St. Johanns und ein beliebter Treffpunkt. Zu allen Jahreszeiten ist hier etwas los.

i Mittelpunkt ist der Marktbrunnen, der 1759 von dem Baumeister Friedrich Joachim Stengel erbaut wurde und in einer Sichtachse zum Saarbrücker Schloss links der Saar steht.

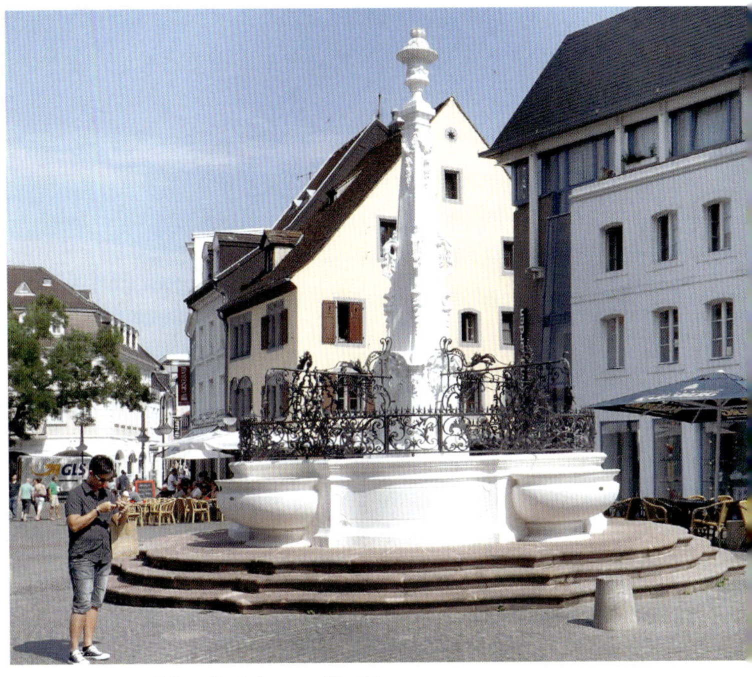

Der Brunnen auf dem St. Johanner Markt.

Der Markt wird von zahlreichen Häusern aus der Barockzeit umgeben. In dem Haus Nr. 24 ist die Stadtgalerie untergebracht. Besonders sehenswert ist auch das rechte Eckhaus zur Kappengasse, das mit seinen spätgotischen Maßwerkfenstern den Blick auf den mittelalterlichen Marktplatz erahnen lässt. Der St. Johanner Markt wurde in den 1970er-Jahren restauriert und ist seit 1978 Teil der Fußgängerzone.

Rund um den Marktplatz und in den malerischen Gässchen befinden sich zahlreichen Kneipen, Bistros, Restaurants und Boutiquen. Während der warmen Jahreszeit haben viele der Gastronomiebetriebe auch im Außenbereich bestuhlt, auch eine Einladung zur Einkehr. Das Gasthaus „Zum Stiefel" war bereits 1718 Brauerei und ist bis heute in Familienbesitz.

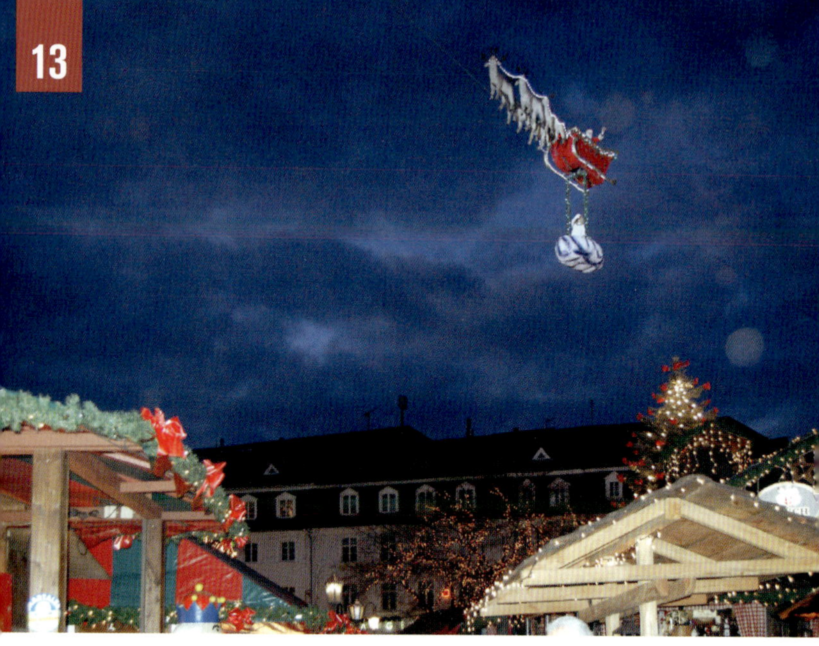

Der fliegende Weihnachtsmann, hoch über dem Christkindlmarkt.

Eine ganz besondere Attraktion bietet der St. Johanner Markt während des vierwöchigen „Saarbrücker Christkindlmarktes“. Dann versammeln sich bei Einbruch der Dunkelheit um 17 Uhr vor und hinter den Weihnachtsbuden sowie vor allem am Rande immer mehr Menschen. Alle warten sie gespannt, wann endlich vom Himmel hoch der Weihnachtsmann und das Christkind in ihrem Schlitten erscheinen, wie es auch alle paar Minuten über Lautsprecher angekündigt wird.

Und endlich, pünktlich, erscheinen die Beiden. Fünf künstliche Rentiere ziehen den roten und, darunter angehängt, den silbernen Himmelsschlitten über das 240 Meter lange Hochseil, das sich am vorderen Turm 24 Meter und am hinteren 42 Meter über den Markt erhebt, aus dem der Weihnachtsmann und das Christkind grüßen.

Etwa in der Mitte angelangt, erzählt der Weihnachtsmann von seiner langen Reise und von Rudolph, dem Rentier mit der roten Nase. Zusammen mit dem Christkind wünscht er allen Besuchern frohe, besinnliche Weihnachten. Dann zündet hinter dem Schlitten ein strahlendes Feuerwerk, und das Himmelsgefährt bewegt sich langsam mit den Klängen von Shakin' Stevens „Merry Christmas everyone" zurück zum vorderen Turm.

Seit 2004 besuchen der Weihnachtsmann und das Christkind während der Adventszeit bis zum 23. Dezember auf diese Art die Besucher des Saarbrücker Christkindlmarktes, die an den Samstagen schon auf die 40 000 kommen können. Dreimal (bitte aktuelle Daten beachten!) geben die beiden auch Sondervorstellungen um 21 Uhr sowie am Kindermittwoch auch um 14 Uhr. Dann wird den Kleinen auch ein eigenes Programm geboten und die Fahrgeschäfte kassieren nur den halben Preis.

Vom St. Johanner Markt laufen wir zurück durch die **Bahnhofstraße**, überqueren zwei Fußgängerampeln und biegen links in die **Betzenstraße**, der wir bis zur Wilhelm- Heinrich-Brücke folgen. Nun flanieren wir rechts auf der **Berliner Promenade**. Sie wurde 1960 errichtet und erhielt ihren Namen 1961 nach dem Bau der Berliner Mauer. Von hier aus genießen wir den Blick über die Saar, die direkt unterhalb der Mauer entlangfließt. Das Spannbeton-Brückenbauwerk ist 600 Meter lang und ist Teil des neuen Projektes „Stadtmitte am Fluss". Mehrere Cafés, während der warmen Jahreszeit auch mit Außenbereich, laden zum Einkehren ein.

Am westlichen Ende **der Berliner Promenade** biegen wir rechts in die **Viktoriastraße** ein und folgen ihr bis zur **Bahnhofstraße**. Wir überqueren die **Viktoriastraße** wieder an der Fußgängerampel und folgen links der **Bahnhofstraß**e bis in die rechts gelegene **Reichsstraße**, über die wir nach wenigen Metern wieder die Haltestellen der Saarbahn und der Busse bzw. den Hauptbahnhof erreichen.

Tour 14

Stadt am Fluss

Eine kombinierte Schifffahrt auf der Saar mit Wanderung entlang der Saar

Mit dem Slogan „Stadtmitte am Fluss“ wirbt die Landeshauptstadt Saarbrücken für ihre Schönheiten entlang des Flusses, der ihr den Namen gab. Und die hat sie auch entlang der Saar, und nicht wenige entdeckt man nur von einem Schiff aus. Eine Schifffahrt auf der Saar von der Alten Brücke aufwärts durch die Schleuse Güdingen bis zur Anlegestelle Güdingen ist geradezu ein Muss. Nicht nur für Touristen, sondern auch für die Saarbrücker selbst.

Von der Anlegestelle führt uns der ehemalige Treidelpfad links der Saar wieder zurück bis nach St. Arnual. Dort besichtigen wir die Stiftskirche mit dem Grab der Elisabeth von Nassau-Saarbrücken und den Ortskern mit seinen liebevoll restaurierten und bepflanzten alten Bauernhäusern. Wir überqueren auf der Daarler Brücke die Saar und wandern entlang dieser durch die Grünanlage „Staden“ (siehe Seite 8–13) zurück zur Anlegestelle oberhalb der Alten Brücke.

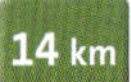

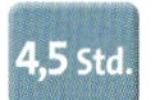

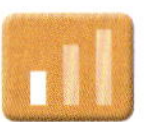
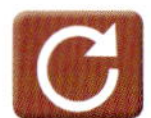

Start und Ziel
Schiffsanlegestelle oberhalb der Alten Brücke

Bus/Bahn:
126 und 128 Haltestelle „Schillerplatz“ am Staatstheater

Wegbeschaffenheit:
ausschließlich asphaltierte Straßen und Wege. Ausnahme: Treppe an der Alten Brücke. Die Tour ist auch für Gehbehinderte und Kinderwagen geeignet, für Rollstuhlfahrer wegen der fehlenden Behindertentoiletten auf dem Schiff bedingt.

Länge der Tour:
Schifffahrt ca. 6 km, Wanderung ca. 8 km

Gehzeit in h:
Nach einer Stunde Schifffahrt 3 bis 3,5 Stunden

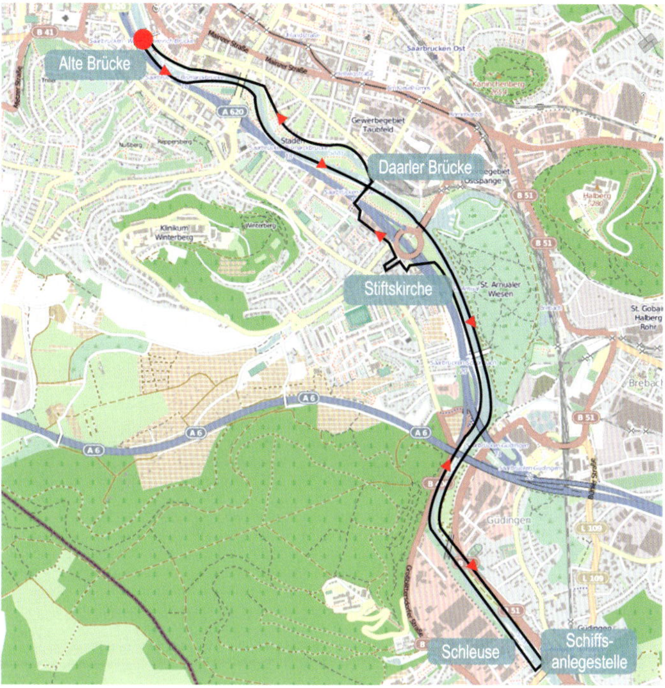

Wegbeschreibung

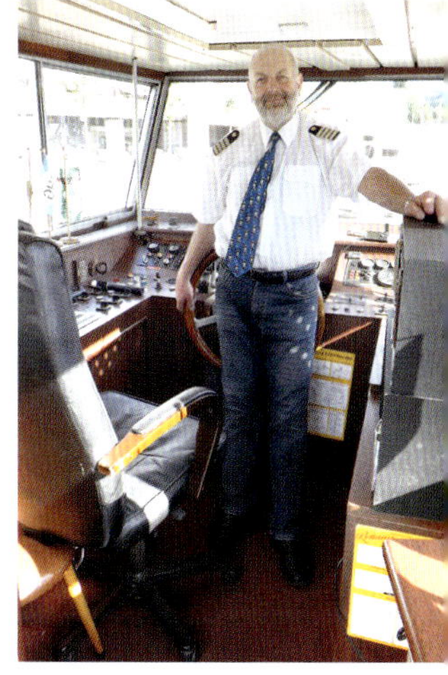

An der Schiffsanlegestelle begrüßt uns Kapitän Günter Emmer mit sonorer Stimme und freundlichem Lächeln persönlich. Seit 2001 betreiben er und seine beiden Mitarbeiter Christa und Carsten Gassmann auf ihren Schiffen „Stadt Saarbrücken“ und „Frohsina“ die Personenschifffahrt auf der Saar in Saarbrücken: Wir sind an Bord der „Stadt Saarbrücken“.

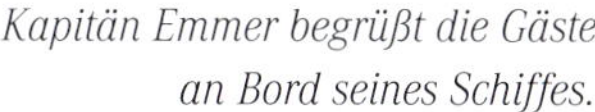
Kapitän Emmer begrüßt die Gäste an Bord seines Schiffes.

14

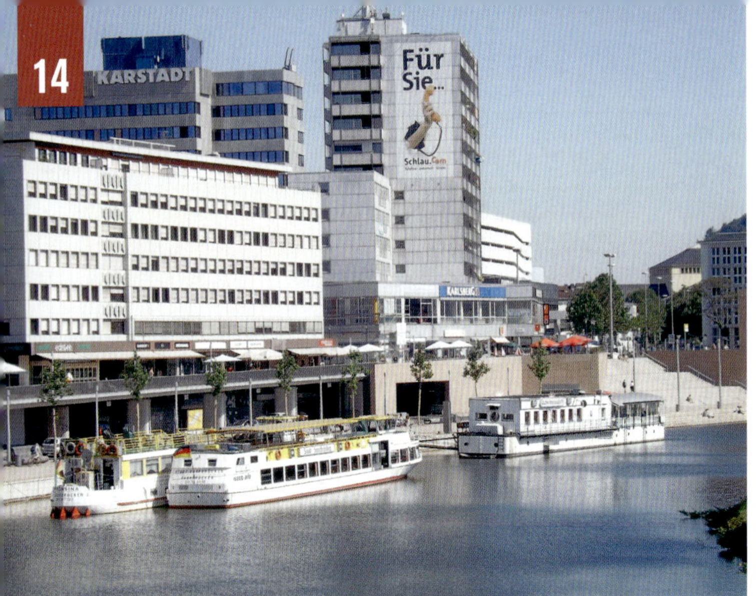

Die „Stadt Saarbrücken“ an ihrer Saarbrücker Anlegestelle unterhalb der Berliner Promenade.

i

Die „Stadt Saarbrücken“ ist 38 Meter lang und 5,06 Meter breit. 250 Fahrgäste finden im geschlossenen Unterdeck und auf dem offenen, aber überdachten Oberdeck Platz. Mit seinem 250 PS starken Motor erreicht das Schiff eine Geschwindigkeit von 16,5 km pro Stunde. An Bord werden neben Getränken auch kleinere Speisen angeboten. Die aktuellen Preise und Abfahrtzeiten entnehmen Sie bitte unter www.saarbruecker-personenschiffahrt.de (Schiffahrt nur mit zwei f!).

Nun heißt es endlich „Leinen los“. Kapitän Emmer ist auf der Brücke seines Schiffes am Steuerrad und hält auf die Flussmitte zu. Von da aus tuckert die „Stadt Saarbrücken“ gemütlich saaraufwärts.

Günter Emmer ist ein profunder Kenner der Saar und Saarbrückens. Über Mikrofon erzählt er uns über Staatstheater, Musikhochschule, Moderne Galerie, Staden und das Seniorenheim unterhalb der Bismarckbrücke, das einmal Schule und Internat für die Kinder der Saarschiffer sein sollte (siehe Seite 10).

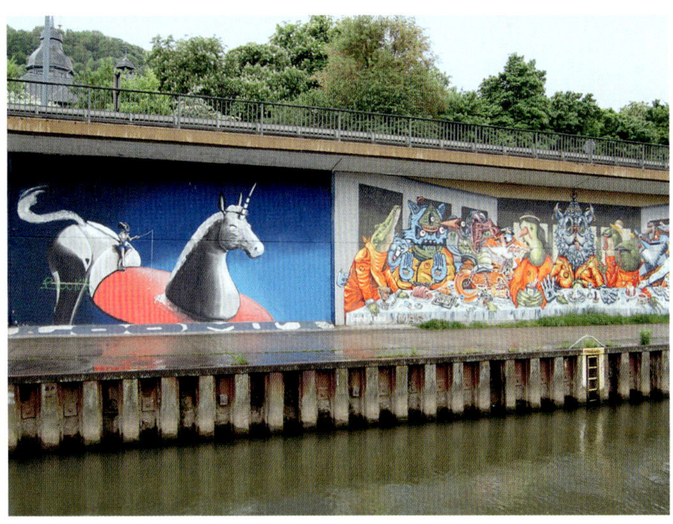

Graffitis erstrecken sich unterhalb der Stadtautobahn.

Auf der rechten Seite erstreckt sich an der Saarbrücker Stadtautobahn A 620 eine 450 Meter lange Betonmauer mit schönen Graffitis.

Diese Mauer ist die größte legale Sprühfläche Deutschlands. Die Gemälde entstanden anlässlich zweier Urban Art Meetings mit 65 internationalen Künstlern in den Jahren 2002 und 2005. Besonders eindrucksvoll sind das Einhorn von Loomit (Mathias Köhler) und der Super Mario des Saarbrücker Sprayers „Dave“.

Vor uns links erhebt sich das Heizkraftwerk „Römerbrücke“.

Es entstand 1964, um die nahe liegenden Wohn- und Gewerbegebiete mit Fernwärme zu versorgen und wurde inzwischen mehrfach erweitert. Als Gas- und Turbinenkraftwerk liefert es 132 Megawatt Strom und 230 Megawatt Fernwärme. Sein Schornstein ist 177 Meter hoch. Mehrere Künstler haben mit ihren Skulpturen das Kraftwerk verschönert. In der Nacht wird es mit verschiedenen Farben angestrahlt.

Wir fahren nun unter der Brücke „Ostspange“ hindurch. Kapitän Emmer steuert den ehemaligen Osthafen, heute Yachthafen, zu unserer Linken an.

i Der ehemalige Frachthafen ist heute einer der beliebtesten Yachthäfen Deutschlands. Die Sportboote legen aus Deutschland, Frankreich, den Benelux-Ländern, Norwegen und Schweden an. Ja, sogar eins aus Südafrika gab sich hier schon die Ehre. Wer selbst einmal gerne Freizeitkapitän sein möchte, kann sich hier ein Boot mieten und ohne Führerschein saaraufwärts nach Frankreich fahren, wo eben kein Führerschein erforderlich ist. Doch Verantwortungsbewusste erwerben hier in einer Schule den Führerschein.

Im Jahr 2000 spielte der Osthafen sogar in dem Tatort „Die Möwe“ eine Hauptrolle. „Die Möwe“ alias „Erna“ wurde später ein Punkerschiff, das 2001 gesunken ist. Mit der Sanierung des Yachthafens soll das Schiff wieder gehoben werden.

Bei schönem Wetter entdeckt man im Uferbereich auch die Rotwangen- und Schnappschildkröten, die hier heimisch geworden sind.

Geschickt wendet Kapitän Emmer sein Schiff in dem engen Hafen und verlässt ihn nach links wieder in die Saar. An beiden Ufern hat sich wieder die Natur ausgebreitet. Büsche und Bäume säumen nun den Fluss und bieten zahlreichen Vogelarten einen Lebensraum.

i Mit dem Wegfall von belastender Industrie und des Kraftwerkes im lothringischen Großblittersdorf sowie mit dem Bau und Betrieb von Kläranlagen hat sich die Wasserqualität der Saar sehr verbessert. Sogenannte „Bioindikatoren“ wie Forelle und Flusskrebs weisen auf eine gute Wasserqualität hin. Alle Fische, die in diesem Teil der Saar gefangen werden, können ohne Bedenken gegessen werden. Es wurden sogar schon Welse von zwei Metern Länge gefangen. Auch der Eisvogel ist wieder heimisch geworden.

Die Saar biegt nun nach rechts ab. Links sehen wir den Einstich, der wie ein Altarm anmutet. Dort sollte einmal der Hafen „Brebacher Hütte“ entstehen. Doch mit deren Stilllegung erübrigte sich auch ein Hafen.

Zwei mächtige Brücken überspannen die Saar. Darüber führen die beiden Autobahnen A 6 und A 620. Die A 6 führt nach wenigen Kilometern nach Frankreich, die A 620 als Stadtautobahn durch Saarbrücken hindurch nach Luxemburg.

In Fahrtrichtung rechts fällt der Sonnenberg steil zur Saar hin ab. Es ist gerade noch Platz für den alten Treidelpfad und die höher gelegene Großblittersdorfer Straße, die St. Arnual mit Güdingen verbindet. Deutlich treten die mächtigen Buntsandsteinfelsen aus dem Hang hervor.

Das Tal weitet sich Richtung Güdingen wieder und Kapitän Emmer steuert auf die dortige Schleuse zu. Es ist im wahrsten Sinne des Wortes Millimeterarbeit, wie er sein Schiff in die 38,50 Meter lange und 5,10 Meter breite Schleusenkammer vom Unterwasser her hineinbugsiert.

i

Die Güdinger Schleuse entstand im Jahre 1863, als die Saar in einem Gemeinschaftswerk des Königreichs Preußen und des französischen Kaiserreiches zunächst von Saarbrücken bis Sarreguemines kanalisiert wurde. Neben ihr sorgen noch vier weitere Schleusen für einen ausreichend tiefen Wasserstand auf der schiffbaren Saar, auf der viele Jahre saarländische Steinkohle nach Frankreich transportiert wurde.

Heute verkehren auf diesem Saarabschnitt kaum noch Frachtschiffe, nur noch Fahrgast- und Freizeitschiffe. Die Güdinger Schleuse müsste restauriert werden. Da sie Bundesvermögen ist, ist dafür das Bundesverkehrsministerium zuständig. Bei diesem bestehen jedoch Überlegungen, wegen des geringen Schiffsaufkommens die Güdinger Schleuse stillzulegen und abzureißen, wogegen sich Saarländer und Franzosen wehren.

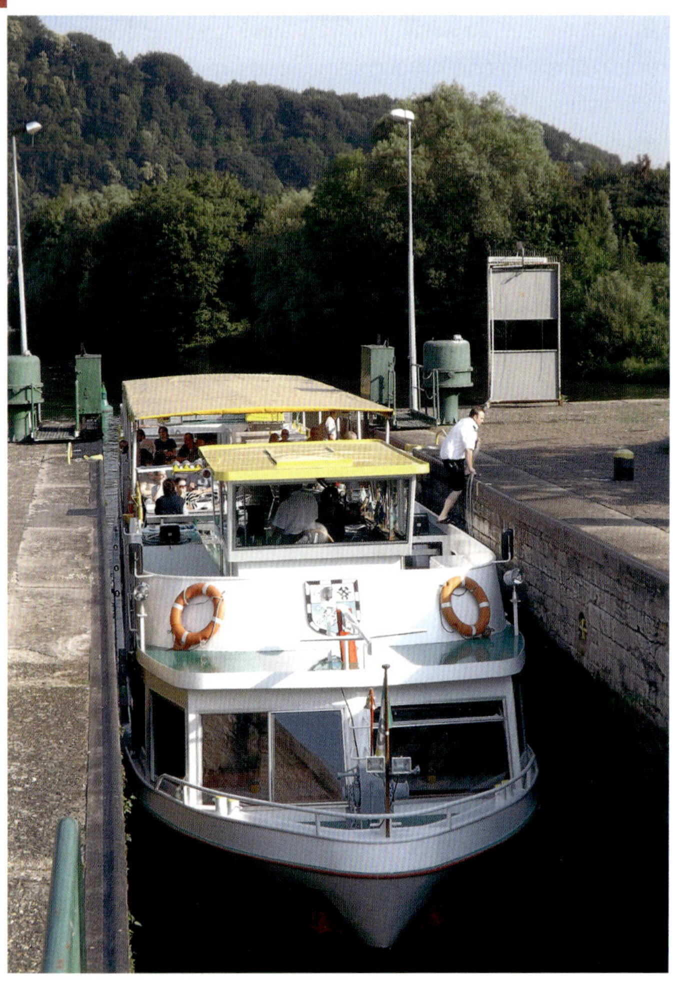

In der Güdinger Schleuse.

Nachdem das Schiff festgezurrt ist und sich das Schleusentor geschlossen hat, dauert es nur wenige Minuten, bis das einlaufende Wasser das Schiff 2,41 Meter auf Oberwasserhöhe gehoben hat. Leinen wieder los, Oberwassertor auf, und das Schiff fährt aus der Schleusenkammer durch den Schleusenkanal Richtung Anlegestelle Güdingen.

Links rasten auf der Schleuseninsel zahlreiche Wasservögel, darunter Gänse, Enten, Wasserhühner und Graureiher. Wir fahren noch wenige Meter und direkt hinter der Brücke legt die „Stadt Saarbrücken“ an.

Wir könnten die gleiche Tour mit dem Schiff zurückfahren, werden aber zurückwandern. Wir verlassen den Bootssteg und biegen nach rechts auf den ehemaligen **Treidelpfad** ein, der heute ein breiter, asphaltierter Weg ist. Hinter der Brücke steht links das Gasthaus mit Biergarten „Zur wilden Ente“, in dem wir uns stärken können. Vor uns liegen nämlich gut 3,5 Kilometer Wanderweg nach St. Arnual. Bis zur zweiten Unterführung an der A 620 bleiben wir auf dem Treidelpfad. Wem es auf dem Schiff „zu schnell“ ging, und/oder wer die Flusslandschaft nochmals genießen möchte, hat jetzt reichlich Gelegenheit dazu.

Der Treidelpfad ist für den allgemeinen Kfz-Verkehr gesperrt, wird aber gern von Radfahrern, Skatern, Joggern und Hundebesitzern genutzt.

Wir verlassen den Treidelpfad an der zweiten Unterführung nach links unter der A 620 hindurch und gelangen in die **Odaker Straße.** Wir halten uns hier rechts, bis sie uns in einem Linksbogen zum St. Arnualer Marktplatz führt. Rechts von uns bewundern wir das Haus mit der Hausnummer 4, eines der alten Bauernhäuser, die stilgerecht restauriert und mit Blumen und Grün bepflanzt worden sind. Links erhebt sich die Stiftskirche.

i

St. Arnual, von den Einheimischen „Daarle“ genannt, geht auf eine gallo-römische Gründung zurück. Später, in der Merowingerzeit um 600, hieß das Dorf Merkingen. Der Merowingerkönig Theudebert II. schenkte es dem Metzer Bischof Arnual, der später heilig gesprochen wurde. Die gotische Stiftskirche stammt aus dem 13. Jahrhundert. In ihr fanden bis zum 15. Jahrhun-

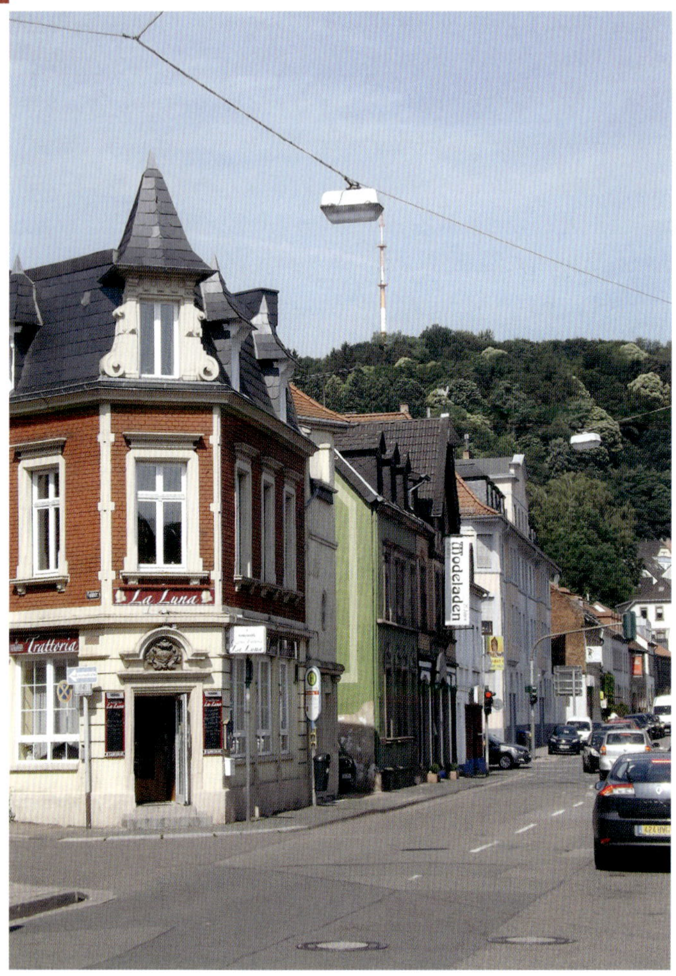

Die Saargemünder Straße in St. Arnual.

dert die Grafen und Fürsten von Nassau-Saarbrücken ihre letzte Ruhe, darunter die Gräfin Elisabeth von Nassau-Saarbrücken, die zahlreiche französische Ritterromane ins frühe Neuhochdeutsche übersetzt hat.

Bis 1897 war St. Arnual eine eigenständige Gemeinde, bevor es nach Saarbrücken eingemeindet wurde. Seinen dörflichen Charakter hat es sich bis heute erhalten. Die „Daarler“ sind stolz auf ihr „Dorf in der Stadt“ und auf ihre restaurierten Häuser rund um den Marktplatz.

Auf den der Saar gegenüberliegenden Wiesen befand sich bis 1955 der Flughafen Saarbrücken, bevor er nach Ensheim verlagert wurde.

Wer will, kann sich in einer der Gaststätten am Marktplatz, zum Teil mit Außenbetrieb unter einer mächtigen Linde, erfrischen und stärken.

Wir bummeln vor der Kirche rechts in die **Arnulfstraße**, die uns nach ca. 200 Meter links in die **Brühlstraße** führt. Hier stehen weitere, sehr gut erhaltene und restaurierte Häuser, die mit Blumen, Wein und Efeu begrünt sind. Die Brühlstraße ist sogar noch mit Kopfsteinpflaster bedeckt.

Am Ende der Brühlstraße stoßen wir auf die **Saargemünder Straße**. Dort werfen wir einen Blick auf die hohen Backsteinhäuser, die Ende des 19. und Anfang der 20. Jahrhunderts gebaut wurden sowie auf den Winterberg, der sich im Hintergrund erhebt.

Wir folgen der **Saargemünder Straße** geradeaus und erreichen nach etwa 50 Metern die **Julius-Kiefer-Straße**. Diese überqueren wir an der Fußgängerampel, wenden uns dann nach rechts, bis wir auf die **Koßmann-Straße** stoßen. Wir biegen nach links in die Koßmann-Straße ein und folgen ihr bis zum Fußgängerweg über die Daarler Brücke. Dieser bringt uns auf die **Bismarck-Straße**. Von hier aus wandern wir über **den asphaltierten Weg durch den Staden** (siehe Seite 8–13) zurück zur Anlegestelle an der Alten Brücke.

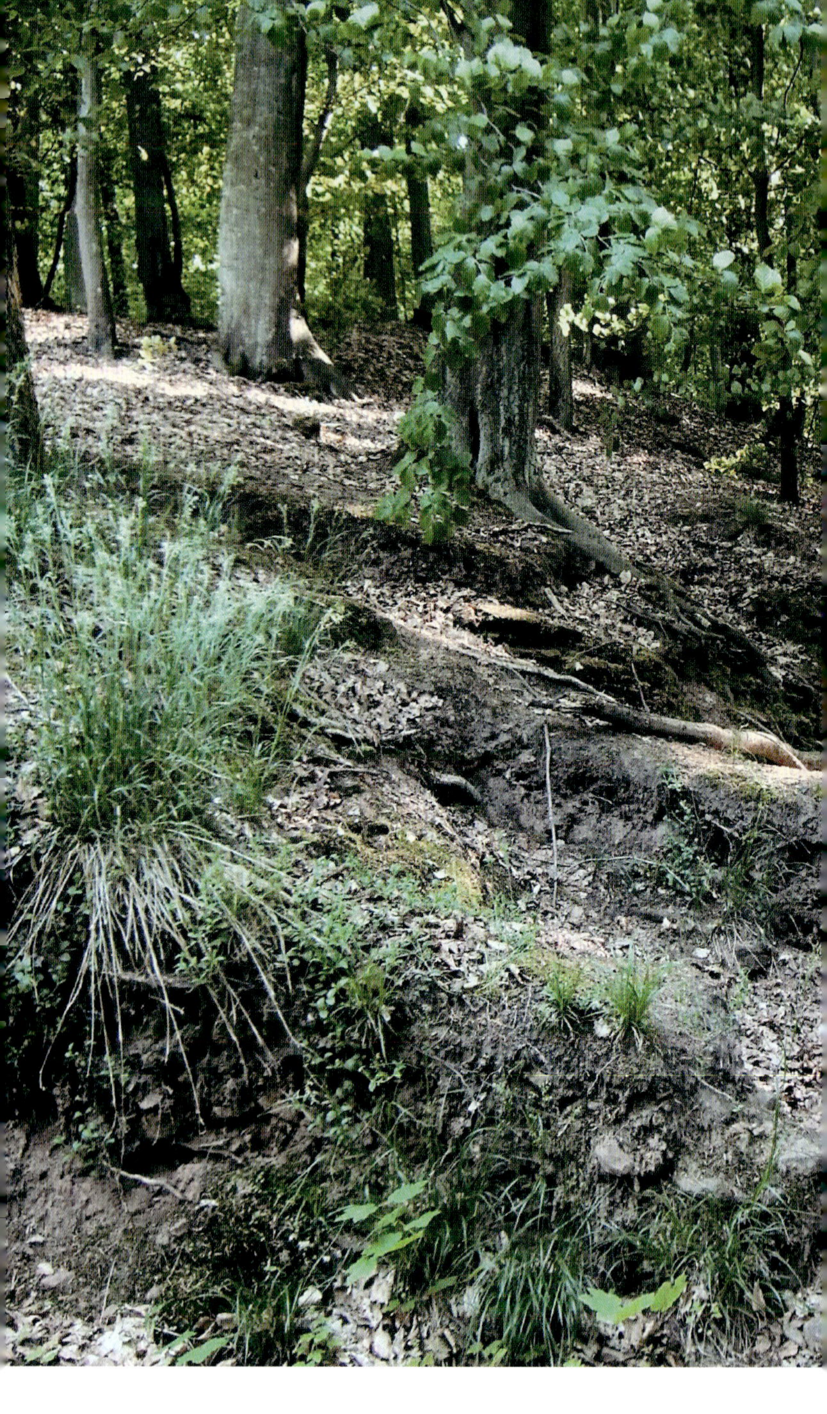

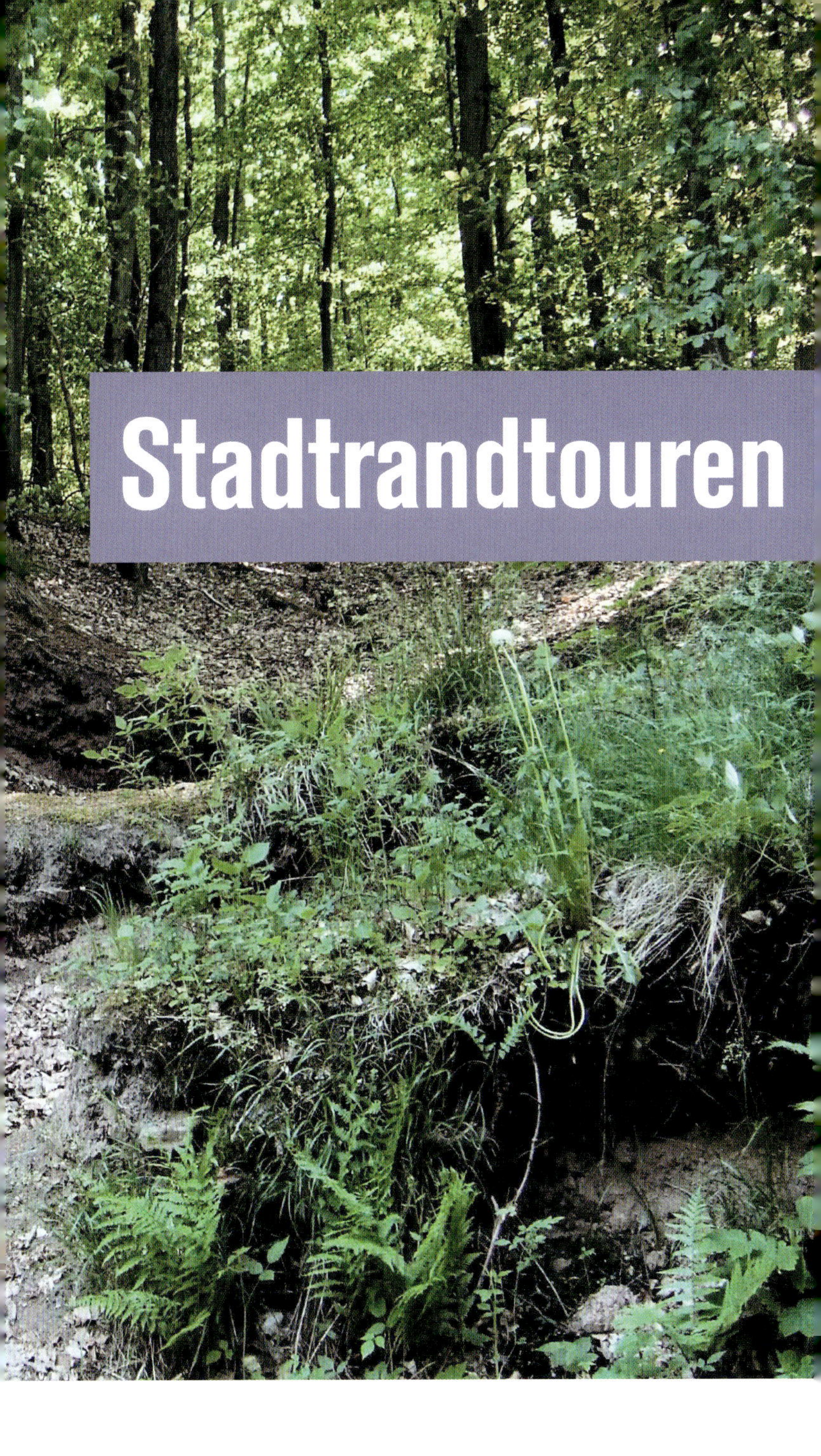

Stadtrandtouren

Vom Homburg über den Dreibannstein zum Wildpark

Unsere Tour führt vom Homburg durch den Stadtwald von St. Johann, einem herrlichen Laubmischwald mit gepflegten Waldwegen und vielen Rastmöglichkeiten zum Dreibannstein. Von dort aus besuchen wir den Wildpark Saarbrücken, in den auch ein Gestein-Lehrpfad integriert ist.

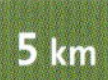

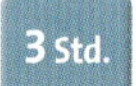

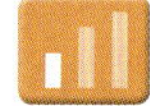
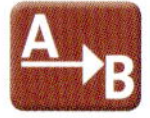

Start:
Waldparkplatz „Am Homburg"

Ziel:
Wildpark Saarbrücken

Bus/Bahn:
Bus zum Start: 125, Haltestelle „Am Homburg"
Bus ab Ziel: 101, 102, 109, 111, 112, 150, 124, 136

Wegbeschaffenheit:
teils asphaltierte, überwiegend aber breite, feste und gepflegte Waldwege mit stellenweise leichten Steigungen und leichtem Gefälle. Alle Wege vom Homburg über den Dreibannstein zum und im Wildpark sind auch für Gehbehinderte sowie Rollstuhlfahrer und Kinderwagen geeignet.

Wegbeschreibung

Mit dem Auto fahren wir den schattigen Waldparkplatz am Ende der Straße **Am Homburg** an. Mit dem Bus fährt man bis zur Haltestelle „Am Homburg", läuft dann wenige Meter bis zur Straße **Am Homburg**, in die wir links einbiegen. Dann sind es noch etwa 200 Meter bis zum Waldparkplatz.

Hinter der Waldschranke laufen wir zunächst auf dem asphaltierten Waldweg, dem alten **Dudweiler Weg**, bis zur ersten Weggablung. Wir folgen dem linken Weg, der uns leicht bergan durch einen hohen Laubmischwald führt. Da die Bäume den gesamten Weg beschatten, ist das gerade während der warmen Jahreszeit angenehm.

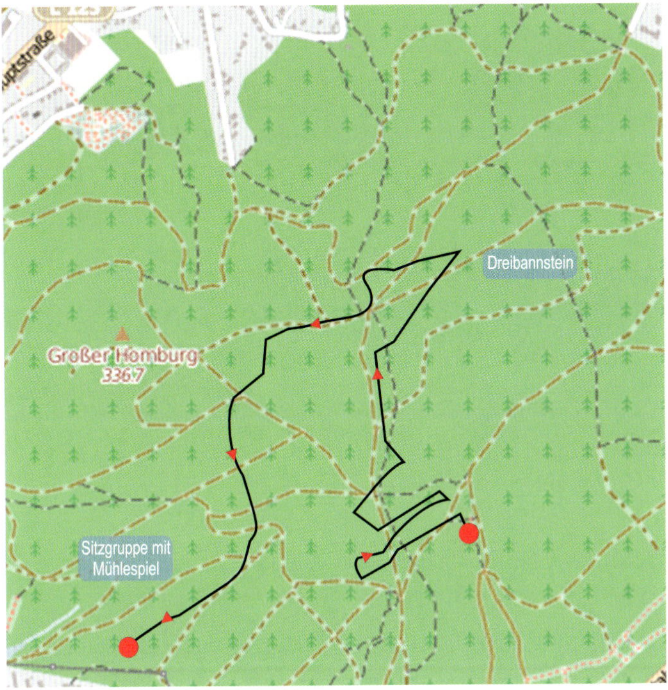

Nach etwa 800 Meter erreichen wir die erste Sitzgruppe. Links des Weges befindet sich eine weitere Sitzgruppe mit einem runden Holztisch, auf dem ein Schach- bzw. Mühlenbrett eingelassen ist. Zwar sind keine Figuren mehr vorhanden, aber die lassen sich für ein Spiel schnell mit Stöckchen oder Steinen ersetzen.

Zum Dreibannstein führen zwei Wege, die auch beschildert sind. Wir folgen dem Weg geradeaus. Nach etwa 400 Meter gabelt sich der Weg erneut. Aufgepasst - hier fehlt ein eindeutiger Hinweis! Wir folgen dem **rechten Weg**, der uns nach gut einem Kilometer zu einer Schutzhütte

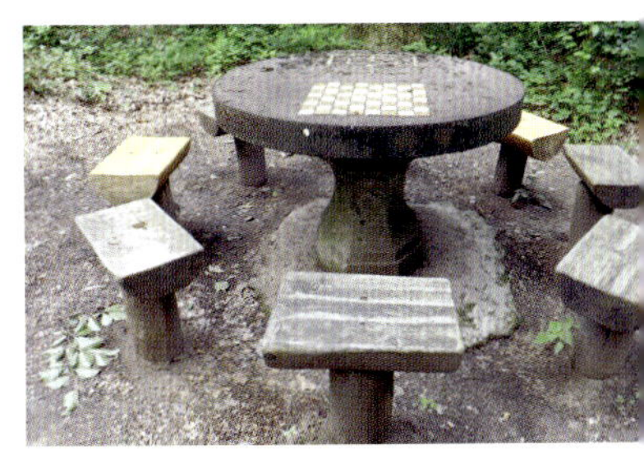

Die Sitzgruppe mit Schachbrett lädt zur Rast ein.

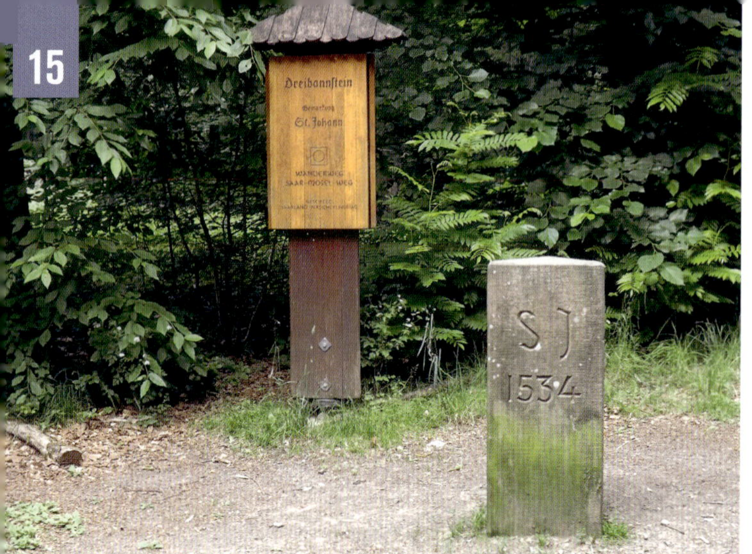

Der Dreibannstein, der die Gemarkungsgrenze markiert.

zu unserer Linken bringt. Dort können wir eine weitere Rast einlegen.

500 Meter weiter erreichen wir dann unser erstes Etappenziel: den Dreibannstein.

i Der Dreibannstein geht auf seinen Vorläufer aus dem Jahre 1534 zurück. Hier stoßen die Gemarkungsgrenzen von St. Johann, Scheidt und Dudweiler zusammen. Bis zur Gebiets- und Verwaltungsreform am 1. Januar 1974 waren Dudweiler und Scheidt selbstständige Kommunen, bevor sie nach Saarbrücken eingegliedert wurden. St. Johann gehört bereits seit 1909 zur vereinigten Großstadt Saarbrücken. Der jetzige Stein und die Hinweistafel sind neueren Datums.

Rechts neben dem Stein befindet sich eine große, sonnige Sitzgruppe mit Tisch zur ausgiebigen Rast.

Danach nehmen wir den 4. Weg links des Steines (ist beschildert!), der uns ebenfalls durch schattigen Hochwald, bergab auf dem **Weinhumesweg** nach 1,1 Kilometer zum Wildpark Saarbrücken führt.

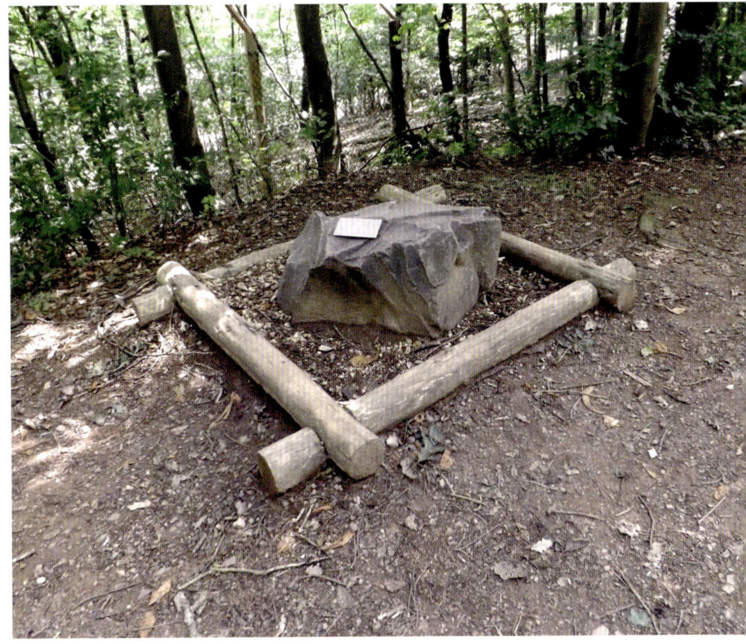

Der Gesteinslehrpfad im Wildpark.

i

Der Wildpark Saarbrücken besteht bereits seit 1929. Er ist das ganze Jahr über geöffnet und frei zugänglich. Er umfasst rund 17 Hektar mit rund 120 Tieren in Freigehegen und Volieren. Als weitere Attraktion wartet er entlang des Luchs-Weges bis zur Einmündung in den Ziegen-Weg mit einem Gesteinslehrpfad auf. Gezeigt werden über 30 Exponate, die meisten davon aus dem Saarland, Rheinland-Pfalz und Hessen.

Der Eintritt zum Wildpark ist frei und bietet uns drei Rundwegstrecken an, die mit Tiersymbolen gekennzeichnet sind: den **Eulen-Weg** mit 750 Metern, den **Luchs-Weg** mit 1750 Metern und den **Ziegen-Weg** mit 1500 Metern. Alle drei Wege führen zum Haupteingang am **Meerwiesertalweg** zur Bushaltestelle.

Attraktionen des Wildparks sind u. a. die Wisente, Rot- und Damwild, Luchse, Wildschweine sowie Stein- und Muffelwild.

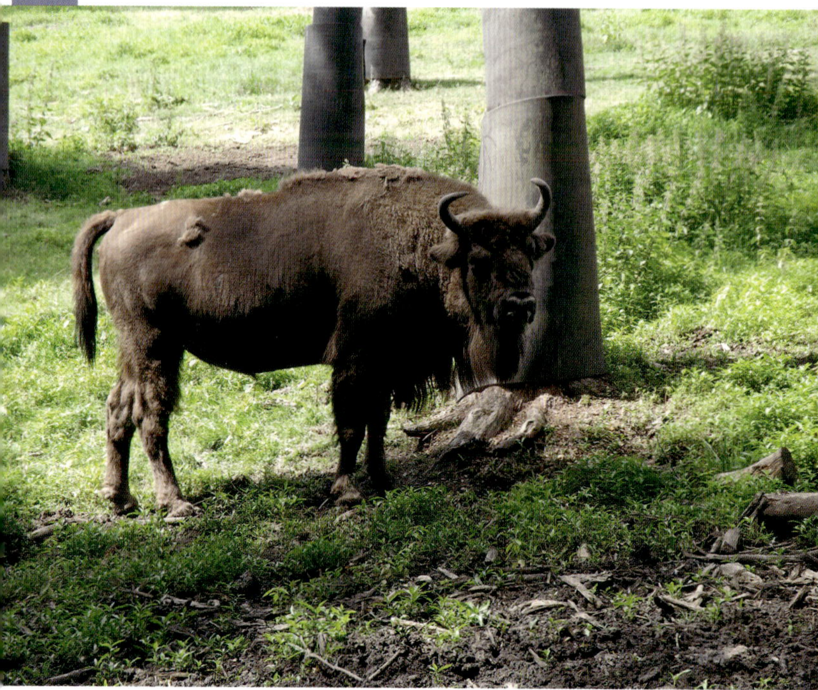

Wisente sind eine Attraktion des Wildparks.

An seinem östlichen Ende befindet sich ein Pavillon mit Gastronomie und ein großer Kinderspielplatz.

Abenteuer-Park Saar mit Wald-Hochseilgarten

Wer gerne mal „hoch hinauf“ möchte und schwindelfrei ist, dem bietet sich der Abenteuer-Park Saar mit dem Wald-Hochseilgarten an. Wir erreichen ihn etwas abseits unserer Tour entweder über die asphaltierte Straße vom Homburg (Bleiben Sie auf dieser Straße, der Weg ist beschildert!) oder vom Wildpark aus über den **Weinhumesweg**. Dort am westlichen Ende des Wildparks links abbiegen.

Über den Schwarzenbergturm zum Römerbrünnchen

Vom nördlichen Parkplatz des Schwarzenbergbades in der Scheidter Straße geht es auf dem asphaltierten Turmweg langsam, aber stetig aufwärts durch schattigen Laubmisch-Hochwald zum Schwarzenbergturm. Weiter geht es zum Hexentanzplatz mit dem Römerstein und zur Willingquelle. Wir folgen dann dem Kieselgrund-Bach bis zur Kobenhütte und zum Römerbrünnchen. Dann erklimmen wir einen ca. 150 Meter steilen Weg und sind wieder auf dem Turmweg, der uns zu unserem Ausgangspunkt führt. Unterwegs bieten sich viele Rastmöglichkeiten mit Bänken, Tischen und Schutzhütten an.

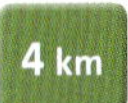

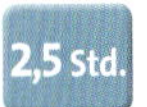

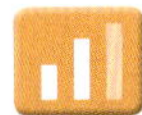
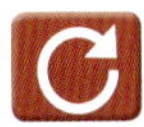

Start und Ziel:
Nördlicher Parkplatz am Schwarzenbergbad

Bus/Bahn:
105, 106, 107, Haltestelle „Rotenbühl“

Wegbeschaffenheit:
Turmstraße asphaltiert, aber für allgemeinen Kfz-Verkehr gesperrt, überwiegend breite und befestigte Waldwege mit leichten Steigungen und Gefälle. Die Wege sind weitgehend auch für Gehbehinderte sowie Kinderwagen und Rollstuhlfahrer geeignet. Es gibt Alternativwege.

Wegbeschreibung

Wir starten vom nördlichen Parkplatz des Schwarzenbergbades aus. Von dort führt links ab der Waldschranke ein breiter und asphaltierter Weg, der sogenannte **Turmweg**, langsam, aber stetig bergauf. Wir überwinden dabei auf zwei Kilometern einen Höhenunterschied von etwa 100 Metern.

Wir bleiben immer auf dem **Turmweg**, der uns zunächst über drei Windungen durch schattigen Laubmisch-Hochwald bis zur ersten Wegspinne bringt. Dieser begegnen wir auf dem Rück-

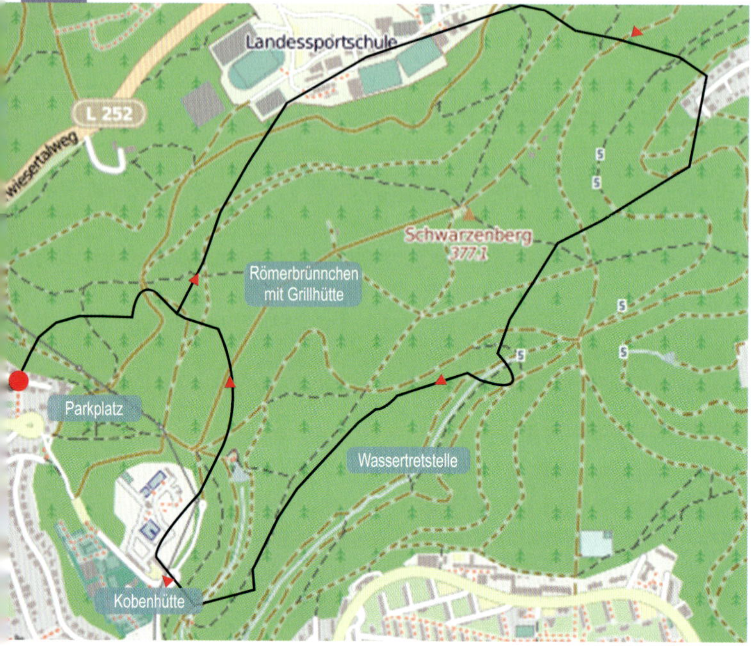

Landessportschule
L 252
Wiesertalweg
Schwarzenberg
377.1
Römerbrünnchen
mit Grillhütte
Parkplatz
Wassertretstelle
Kobenhütte

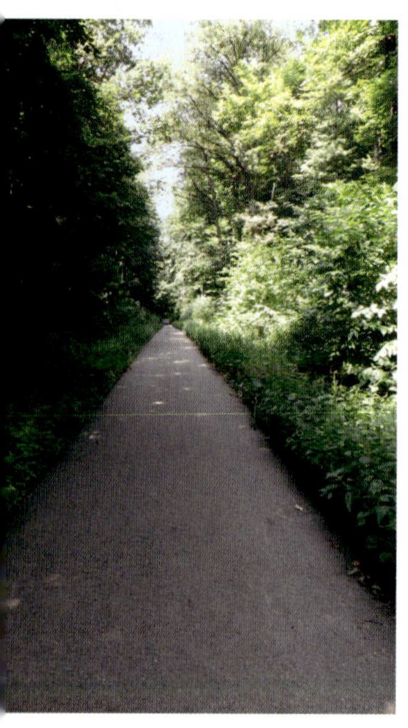

weg wieder. Im Sommer vernehmen wir zwar das laute Treiben im Schwarzenbergbad, aber ab hier wird es zunehmend stiller.

Der **Turmweg** führt uns nun weiter bergauf und immer geradeaus bis zum Schwarzenbergturm. Hohe Buchen, Hainbuchen, Eichen, Wildkirschbäume, Kiefern und Lärchen säumen unseren Weg und spenden uns Schatten. Zwischen ihnen breitet sich schon der Jungwuchs aus. Kenner wissen dieses Waldbild zu schätzen.

Der Turmweg führt stetig bergauf.

Der Schwarzenbergturm wurde 1929/30 erbaut. Er ist 46 Meter hoch. Während des Zweiten Weltkrieges wurde er nur leicht beschädigt und 1949 wieder instandgesetzt. Mit einer Standorthöhe von 417 Metern über dem Meeresspiegel ist er auch weithin sichtbar und ragt über die Kronen der Bäume hinaus. Er dient nicht nur Funkzwecken, sondern von seiner Plattform aus, die man über 241 Stufen erklimmt, genießt man eine herrliche Aussicht über Saarbrücken, den Saarkohlenwald bis hin zum Bliesgau und den östlichen Teil des Saarlandes, bei schönem und klarem Wetter sogar bis in den Pfälzer Wald und zu den Vogesen. Seit 1996 steht der Turm auch in der Denkmalliste des Saarlandes.

Zum Zeitpunkt des Erscheinens dieses Stadtwanderführers war der Turm nicht zu besteigen, weil in der Betonoberfläche Sicherheitsmängel festgestellt wurden, die durch eine umfassende Sanierung beseitigt werden müssen.

Gleich rechts am oberen Ende des Bauzaunes, der den Turm zzt. umgibt, verlassen wir den Turmweg und folgen auf etwa 500 Metern einem etwa ein Meter breiten, aber festen Waldpfad. Wir stoßen auf eine Wegkreuzung, die wir geradeaus überqueren. Von dort aus geht es noch etwa 200 Meter bergab durch einen Fichtenhochwald zum Hexentanzplatz.

Ob dort auf dem großen Platz tatsächlich Hexen getanzt haben, darüber gehen die Meinungen mit einem Augenzwinkern auseinander. Oft ist jedoch von dem nassau-saarbrückischen Oberforstmeister und Oberjägermeister von Malitz die Rede.

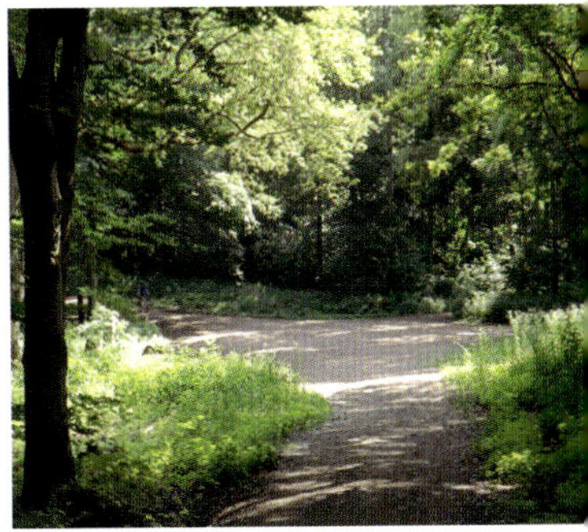

Der Hexentanzplatz, der einer Sage seinen Namen verdankt.

Der Sage nach soll er hier und im St. Johanner Stadtwald in hellen Mondscheinnächten mit seinem Kopf unter dem Arm sein Unwesen treiben. Aber auch als einäugiger Schimmelreiter mit Schlapphut und wehendem Mantel will man ihn schon gesehen haben. Der historische von Malitz galt als hartherzig, insbesondere den Holzsammlern gegenüber. Deshalb soll ihm die ewige Unruhe als Strafe von einer höheren Macht auferlegt worden sein.

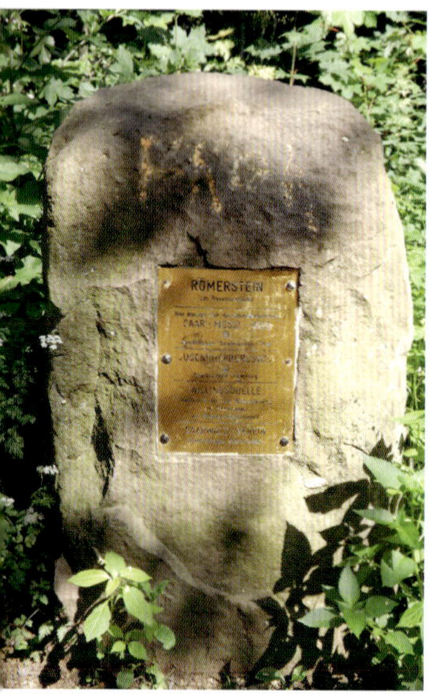

Der Römerstein gibt Auskunft über den Verlauf der Wanderwege.

Am Hexentanzplatz treffen heute fünf Wanderwege aufeinander, die alle beschildert sind. Auf der linken Seite des Platzes steht der sogenannte „Römerstein" mit einer Hinweistafel zu den Wanderwegen. Auf der rechten Seite lädt eine rustikale Tischgruppe zur Rast ein.

Nachdem wir uns dort ausgeruht und gestärkt haben, nehmen wir den zweiten Weg. Er führt uns ca. 100 Meter steil ab zur Willingquelle.

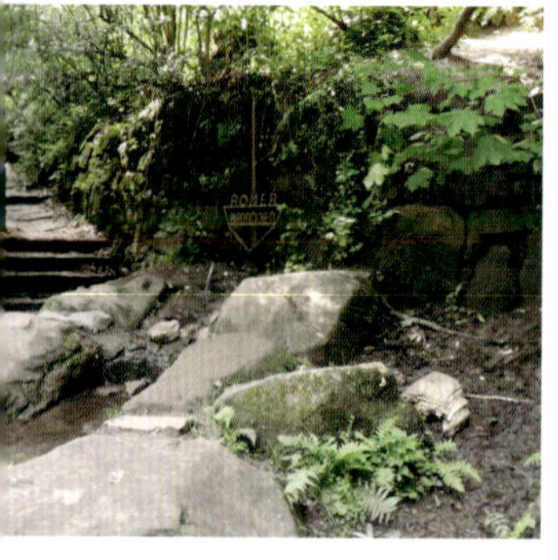

Das Römerbrünnchen.

Sie ist eine der Quellen, die über eine um 150 nach Christus gebaute Wasserleitung die römische Siedlung unterhalb des Halberges an der heutigen Mainzer Straße mit frischem Wasser versorgt haben. Dort war eine kleine römische Garnison stationiert, die eine hölzerne Brücke über die Saar sicherte.

Wir folgen nun dem Weg parallel zum Kieselgrund-Bach, der uns an einer Wassertretstelle und einem kleinen Weiher bis zur Kobenhütte führt. Von hier aus geht es wieder leicht bergan parallel zum Ablauf des Römerbrünnchens. Dieses erreichen wir nach etwa 500 Metern.

i

Das Römerbrünnchen ist eine in Stein gefasste Quelle, die direkt aus dem Hang heraustritt. Der Vorplatz bietet bereits Sitzgelegenheiten auf Holzbänken. Oberhalb des Brünnchens befindet sich ein großer Platz mit einer überdachten Grillhütte mit Sitzgelegenheit für 30 Personen. Die Hütte kann von der Stadt Saarbrücken für Grillfeste gemietet werden.

Von dem Vorplatz gelangt man über Treppen links und rechts zum Grillplatz. Gehbehinderte sowie Kinderwagen und Rollstuhlfahrer benutzen vom Vorplatz aus den Weg rechts um die Grillhütte herum.

Von der Grillhütte aus gehen wir zunächst links geradeaus und stoßen nach wenigen Metern auf einen breiten, aber steilen Waldweg. Wir biegen rechts in ihn ein und gelangen nach etwa 150 Metern wieder auf den asphaltierten **Turmweg,** der uns nun nach links und bergab wieder zum nördlichen Parkplatz am Schwarzenbergbad bzw. zur Bushaltestelle „Rotenbühl“ führt.

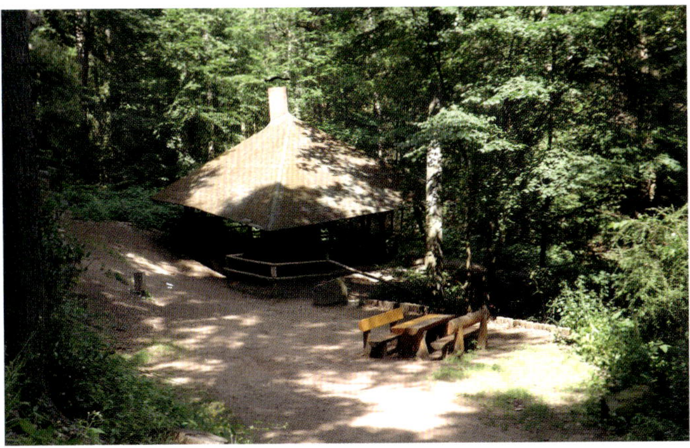

Die Grillhütte am Römerbrünnchen.

Tour 17

Vom Winterberg zum Tabaksweiher

Vom rund 300 Meter hohen Winterberg, von dem aus man die herrliche Aussicht auf St. Johann, die Fechinger Talbrücke und die Ruine des Winterbergdenkmals genießen kann, steigen wir bergab durch schattigen Laubmischwald. Über das Wohngebiet am Osthang des Winterberges und den Kreisel der Julius-Kiefer-Straße gelangen wir zum Tabaksweiher, den wir umrunden.

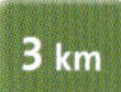

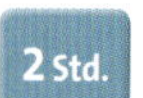

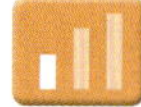
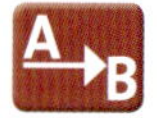

Start:
Parkplatz bzw. Bushaltestelle am Winterbergklinikum

Bus/Bahn:
Bus: 108, 126, 136, Haltestellen Klinikum und Tabaksweiher

Ziel:
Tabaksweiher

Wegbeschaffenheit:
befestigte Waldwege und Bürgersteige. Wegen der Treppenstufen zwischen der Hoederath-Straße und der Julius-Kiefer-Straße nehmen Rollstuhlfahrer den Weg über die Quienstraße und die Straße Auf der Mühl.

Wegbeschreibung

Vom großen Parkplatz bzw. der Bushaltestelle „Klinikum" aus gehen wir in östlicher Richtung, bis der Wald beginnt. Der asphaltierte Weg ist ab hier für den allgemeinen Kfz-Verkehr gesperrt. Ein Schild weist auf das Winterbergdenkmal hin, das wir nach 300 Meter erreichen werden.

Das Klinikum Saarbrücken auf dem Winterberg besteht seit 1968. Das weithin sichtbare Hauptgebäude ist 110 Meter lang und 40 Meter hoch. Das Klinikum besteht aus 15 Fachabteilungen. Es werden dort pro Jahr rund 120 000 Patienten stationär und ambulant behandelt.

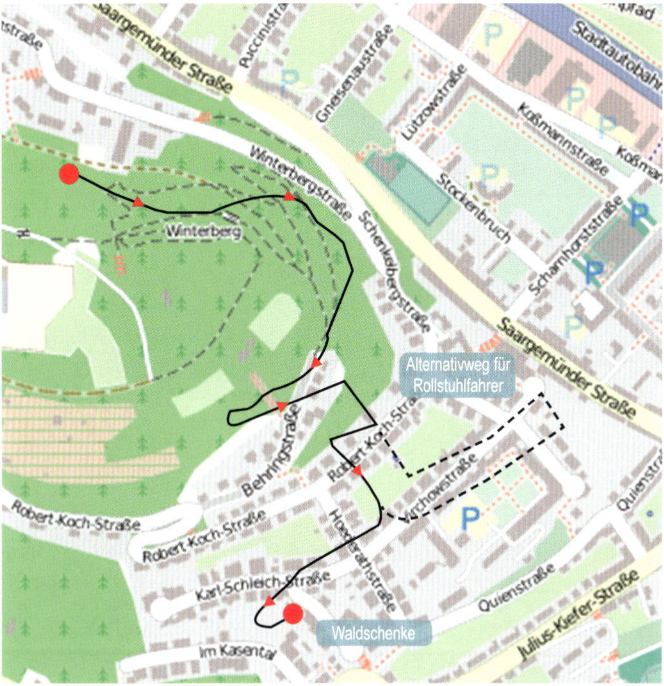

Noch bevor wir das Winterbergdenkmal erreichen, können wir links über eine Schneise zwei herrliche Aussichten auf St. Johann und über den Osten von Saarbrücken über die Fechinger Autobahntalbrücke bis zu Ausläufern der Gauhöhen genießen.

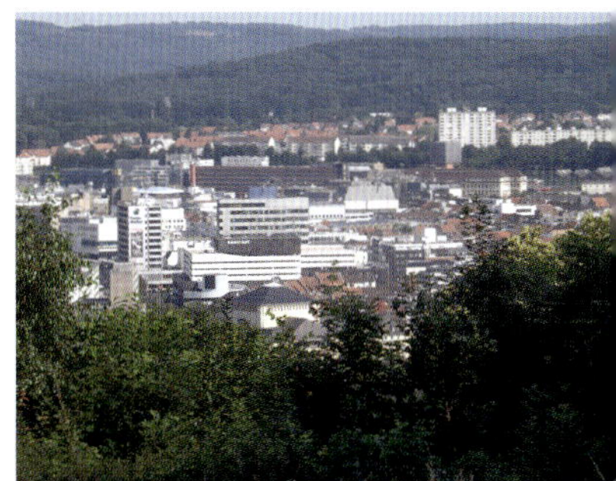

Blick vom Winterberg auf Saarbrücken.

Nur wenige Meter weiter stehen wir vor dem Winterbergdenkmal bzw. vor dem, was von ihm übrig geblieben ist.

Das Winterbergdenkmal wurde von 1872 bis 1874 zur Erinnerung an den Sieg über Frankreich im Krieg 1870/71 gebaut. Es

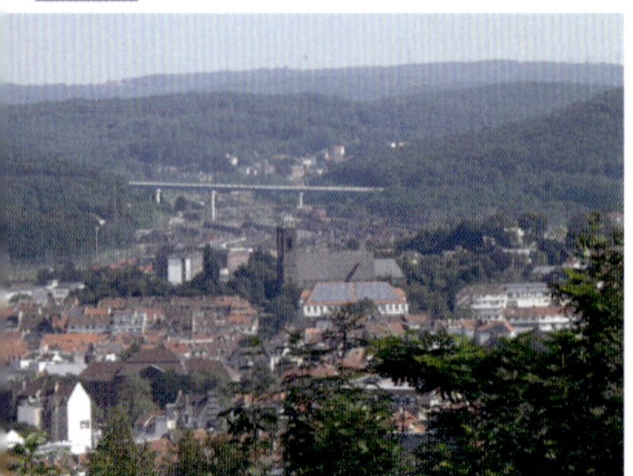

Blick vom Winterberg auf die Fechinger Autobahntalbrücke.

wurde nach dem Vorbild des Königsstuhls bei Rhense errichtet. Auf einem künstlichen Erdhügel erhob sich eine zehnseitige Halle mit ebenso vielen gotischen Bogen. Darauf ein 20 Meter hoher Turm mit einem steinernen Helm.

Das Winterbergdenkmal war bis zu seiner Sprengung durch die Wehrmacht am 10. September 1939 „aus strategischen Gründen“ ein beliebtes Ausflugsziel und das Wahrzeichen von Saarbrücken. Nach dem Zweiten Weltkrieg sollte es wieder aufgebaut werden, wofür auch eine Sondermarke der damaligen „Saar-Post“ warb. Doch man entschied sich dafür, nur die Reste zusammenzutragen und eine „Gedenkstätte der deutschen und französischen Opfer sowie eine Europäische Mahnstätte für die Toten der Kriege“, so die Aufschrift auf der Gedenktafel, zu schaffen. Sitzgruppen laden zur Rast ein.

Über eine kurze Holztreppe, Kinderwagen und Rollstuhlfahrer nehmen den Weg rechts vom Denkmal zur **Robert-Koch-Straße**, stoßen wir rechts auf einen breiten, beschatteten und befestigten Waldweg, der uns stetig bergab führt. Wir bleiben auf diesem Waldweg, der auf die **Behringstraße** stößt. Achtung - kurz vor der Einmündung in die Behringstraße wird der Weg schmaler und abschüssiger!

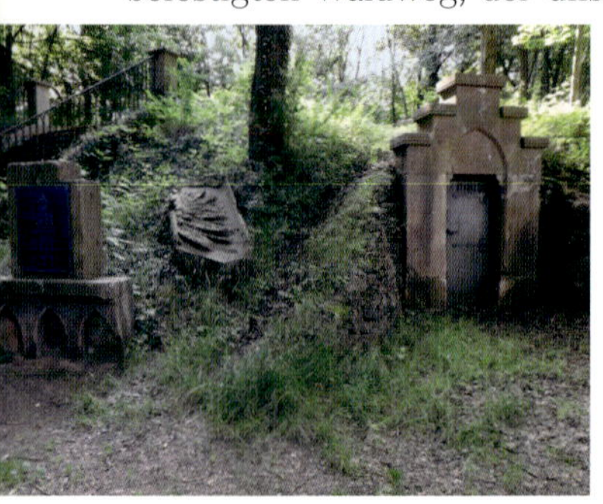

Die Reste des Winterbergdenkmals.

Zwar führen von diesem Waldweg immer wieder kleine Trampelpfad links ab, die gerade Kinder dazu verleiten, ihnen als Abkürzung zu folgen. Diese

Pfade waren zum Teil mit Holzgeländern gesichert, die heute entweder nicht mehr vorhanden oder morsch sind. Vorsicht ist daher geboten!

In Serpentinen geht es nun von der **Behringstraße** links in die **Robert-Koch-Straße**, dann rechts in die **Hoederathstraße**, ein gehobenes Wohngebiet mit schmucken Häusern und Vorgärten. Dort, wo die **Hoederathstraße** in die **Quienstraße** mündet, erreichen wir rechts über eine Treppe die **Julius-Kiefer-Straße**.

Am dortigen Kreisel halten wir uns rechts, überqueren am Fußgängerüberweg die **Theodor-Heuss-Straße** und folgen rechts der verlängerten **Julius-Kiefer-Straße**. Es sind nur wenige Meter, dann finden wir links oberhalb des Parkplatzes den Eingang zum Rundweg um den Tabaksweiher.

i

Der Tabaksweiher gehörte zur einstigen Tabaksmühle. Hier wurden bis Anfang der 1860er-Jahre pfälzischer Tabak und

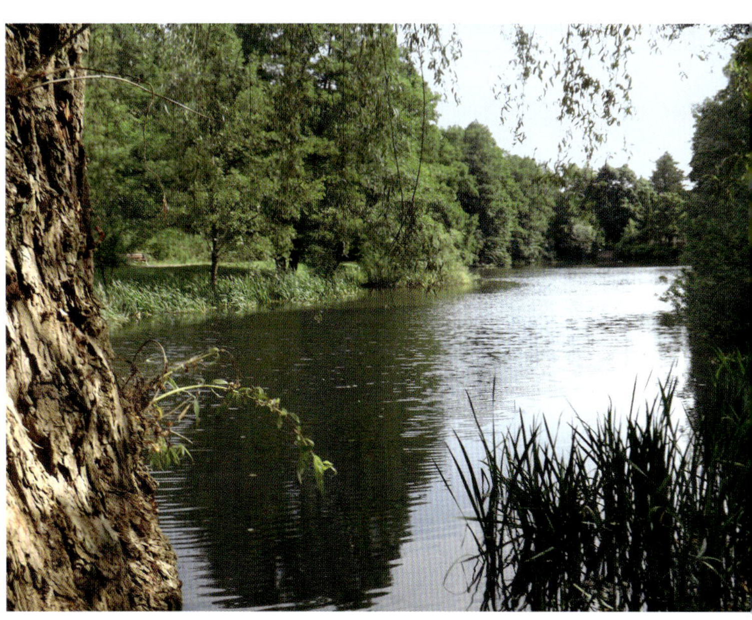

Der Tabaksweiher ist Teil des Naherholungsgebietes „Allmet".

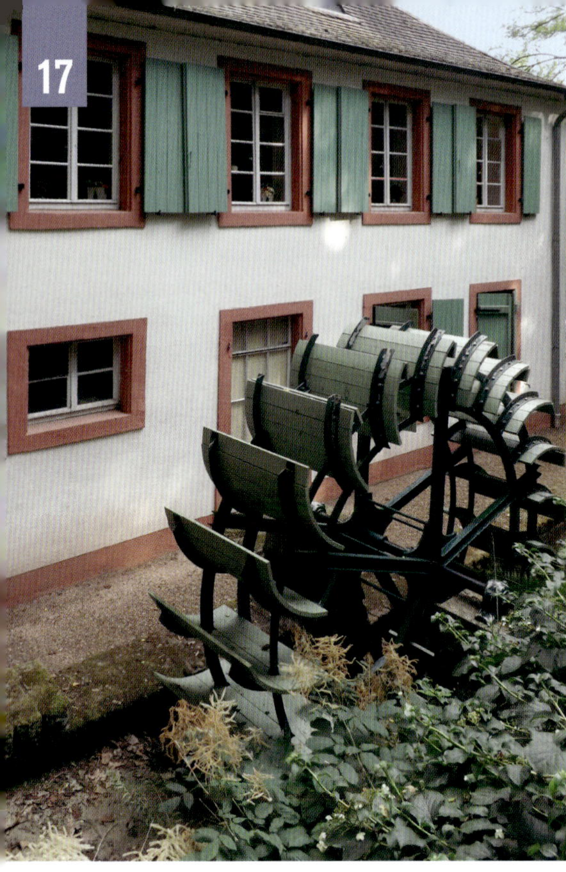

Die ehemalige Tabaksmühle beherbergt heute ein Restaurant.

Virginia-Tabak geschnitten, mit Rosenwasser vermischt und zu Schnupftabak verarbeitet. Später lohnte sich die Verarbeitung nicht mehr. Die alte Tabaksmühle stammt aus der ersten Hälfte des 19. Jahrhunderts und wurde nach dem Ersten Weltkrieg zum Restaurant „Waldschenke“ umgebaut.

Heute ist der Tabaksweiher Teil des Naherholungsgebietes „Allmet“. Ein schöner Baumbestand mit Wiesenflächen umgibt ihn. Zahlreiche Ruhebänke laden zur Erholung ein.

Wir umlaufen den Tabaksweiher, genießen dessen Schönheit sowie die Ruhe und Stille hier. Am Ende unserer Wanderstrecke können wir in der Waldschenke mit Biergartenbetrieb im Sommer einkehren.

Rund um und über den Halberg

Diese Tour führt uns vom Fuß des Halbergs an der Mainzer Straße den Halberg hinauf zum Saarländischen Rundfunk (SR). Dort schauen wir uns das Schloss Halberg, das Grab des Fürsten Heinrich von Saarbrücken und die Außenanlagen des Rundfunks an. Vom Parkplatz des SR folgen wir dem Waldweg bis zur Mithras-Grotte. Unterwegs begegnen wir mehrfach den Überresten des Westwalls. Ein Waldweg führt uns im Halbkreis wieder zu unserem Ausgangspunkt zurück.

Für Gehbehinderte, Rollstuhlfahrer und Kinderwagen bieten sich der asphaltierte Fußgängerweg parallel zur Franz-Mai-Straße und die Buslinie 161 bis zur Haltestelle am SR-Parkplatz an.

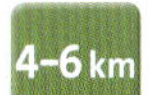

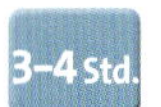

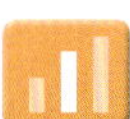

Start und Ziel:
Parkplatz am Fuß des Halbergs an der Einmündung der Franz-Mai-Straße in die Mainzer Straße

Bus/Bahn:
Bus: 105, 122, 135, 137, 138, 161, 162, Haltestelle: Schneiderhof bzw. bei 161 auch SR-Parkplatz („Funkhaus Halberg")

Wegbeschaffenheit:
Waldweg beim Aufstieg zum Halberg steil und mit zahlreichen Treppen. Alternative: asphaltierter Fußgängerweg in Serpentinen parallel zur Franz-Mai-Straße. Vom SR-Parkplatz zur Mithras-Grotte und zurück zum Ziel gut ausgebaute Waldwege.

Wegbeschreibung

Der Halberg erhebt sich mit seinen 280 Metern wie ein bewaldeter Kegel aus der Saaraue. Er besteht aus Buntsandstein, dessen Schichten an den Hängen stellenweise zutage treten.

Der Aufstieg zum Halberg befindet sich rechts des Parkplatzes an der **Franz-Mai-Straße**.

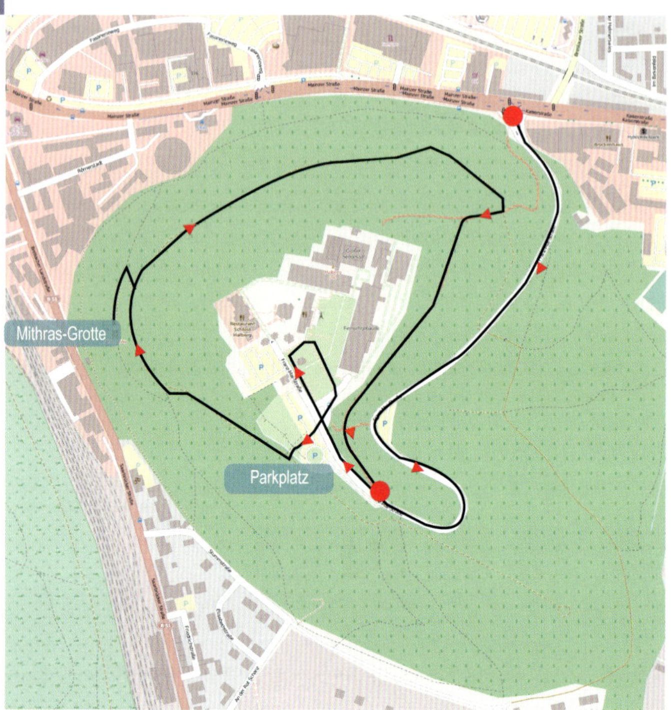

Ihren Namen erhielt die Straße im Jahr 2000 nach Franz Mai (1911–1999). Er war von 1958 bis 1977 der erste Intendant des Saarländischen Rundfunks als öffentlich-rechtliche Rundfunkanstalt.

Wir folgen diesem Weg, der uns über zahlreiche Treppen hoch zum Parkplatz des Saarländischen Rundfunks führt. Er zieht sich durch den Hochwald, der aus hohen Buchen, Eichen, Hainbuchen und Maronenbäumen besteht. Viele Bäume sind von Efeu umrankt. Zusammen mit dem Unterholz und dem Spiel von Licht und Schatten geben diesem Wald einen Hauch von Zauber. Stellenweise erhellen Lampen den Weg.

Der asphaltierte Alternativweg windet sich in Serpentinen parallel zur **Franz-Mai-Straße** den Halberg hinauf. Er ist durch einen breiten Grünstreifen deutlich von der Straße abgetrennt.

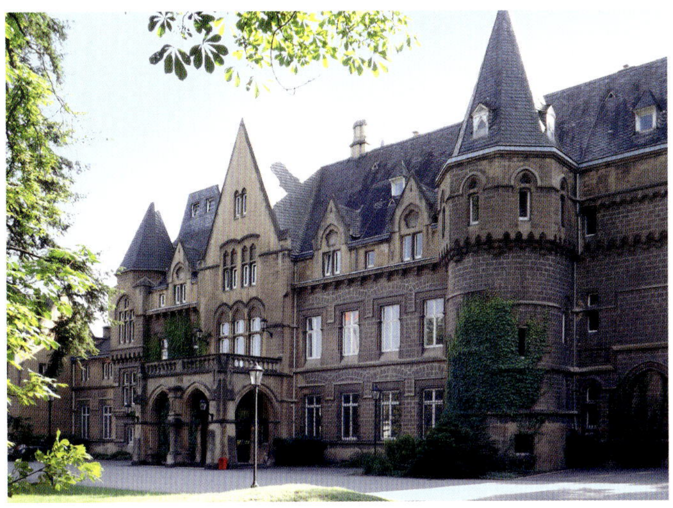

Schloss Halberg, Sitz des Saarländischen Rundfunks.

Straße und Fußweg werden links und rechts von hohen Bäumen umsäumt.

Wir folgen der Straße in Richtung der SR-Gebäude vorbei am Pförtnerhaus des SR. Hier herrscht kaum noch Autoverkehr, bestenfalls Lieferverkehr oder Fahrzeuge des SR kreuzen unseren Weg. Wenige Meter hinter der Autoschranke erhebt sich links das Schloss Halberg.

i

Der damalige Besitzer des Neunkircher Eisenwerks, Carl Ferdinand Freiherr von Stumm, ließ ab 1877 von Baurat Edwin Oppler das Schloss im neugotischen Stil bauen. Die Anlage umfasst auch den Park sowie das Tor- und Beamtenhaus. 1892 weilte auch Kaiser Wilhelm II. hier. Nach seiner Restaurierung wird das Schloss 1959 als Verwaltungssitz des Saarländischen Rundfunks genutzt. Darüber hinaus befindet sich hier ein Restaurant der gehobenen Klasse.

Am Ende des Schlosshofes steht ein kleiner Obelisk. Hier ist seit 1976 die Urne des Fürsten Heinrich von Nassau-Saarbrücken bestattet.

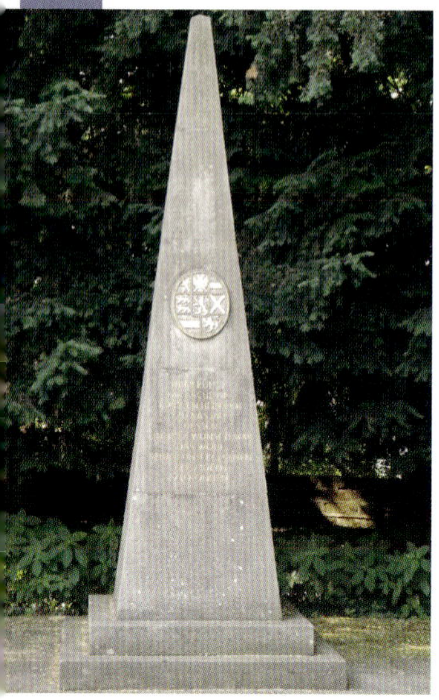

Der Obelisk erinnert an Erbprinz Heinrich von Nassau-Saarbrücken.

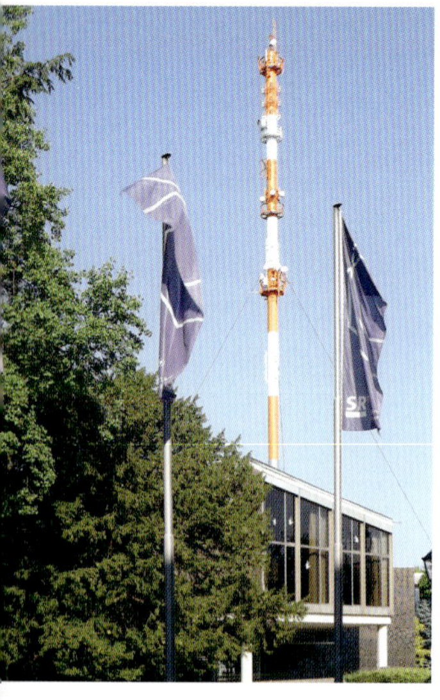

Die Sendeanlagen des Saarländischen Rundfunks.

Erbprinz Heinrich von Nassau-Saarbrücken war ein Sohn von Fürst Ludwig von Nassau-Saarbrücken, der von seiner Mutter Wilhelmine im barocken Lustschlösschen „Monplaisir“ auf dem Halberg erzogen wurde. Nach der Besetzung und Zerstörung des Schlosses durch die Franzosen 1793 musste Heinrich ins Exil auf das Schloss Cadolzburg bei Ansbach fliehen. Er starb dort mit 29 Jahren nach einem Sturz vom Pferd. Sein einziger Wunsch in seinem Testament war, auf dem Halberg bestattet zu werden.

Rechts des Schlosses befinden sich seit 1959 die Gebäude mit den Studioanlagen des SR. Wir können sie nur von außen sehen. Mitten in den hufeisenförmig angeordneten Gebäuden erhebt sich ein 84 Meter hoher abgespannter Sendemast.

Die erste Rundfunksendung aus dem damaligen Saargebiet wurde am 30. Juni 1929 ausgestrahlt. Nach seinen Vorläufern wurde am 1. Januar 1957 der Saarländische Rundfunk gegründet. 1959 zog er von der Wartburg in der Martin-Luther-Straße in die neu gebauten Funkgebäude auf den Halberg. Der Saarländische Rundfunk bietet heute vier Hörfunkprogramme sowie ein regionales Fernsehprogramm an und beteiligt sich am Gemeinschaftsprogramm der ARD.

Wir verlassen die SR-Sendeanlagen in Richtung Parkplatz, biegen dort nach rechts in den gut zu begehenden Waldweg ein und halten uns rechts. Der Weg führt uns stetig abwärts wieder durch Laubmischwald. Unterwegs sehen wir immer wieder Reste des Westwalls, der von 1937 an gegen Frankreich errichtet wurde. Noch heute sind 19 Bunker intakt, die aber nicht besichtigt werden können. Lediglich der ehemalige Kompanie-Gefechtsstand WH 316 wurde von der Fördergruppe WH 316 e. V. restauriert und beherbergt heute ein kleines Museum.

Nach ungefähr 500 Metern erreichen wir ein Plateau. Dort befindet sich links die Mithras-Grotte. Diese wurde im dritten nachchristlichen Jahrhundert von Mithras-Anhängern errichtet. Sie nutzten eine Naturhöhle in einer Felswand, die sie zu einem dreischiffigen Raum mit einem 3,9 Meter hohen Tonnengewölbe in der Mitte und zwei Seitenarmen erweiterten und die einen geraden Deckenabschluss zeigen. Das Mithräum wird im Volksmund auch „Heidenkapelle“ genannt.

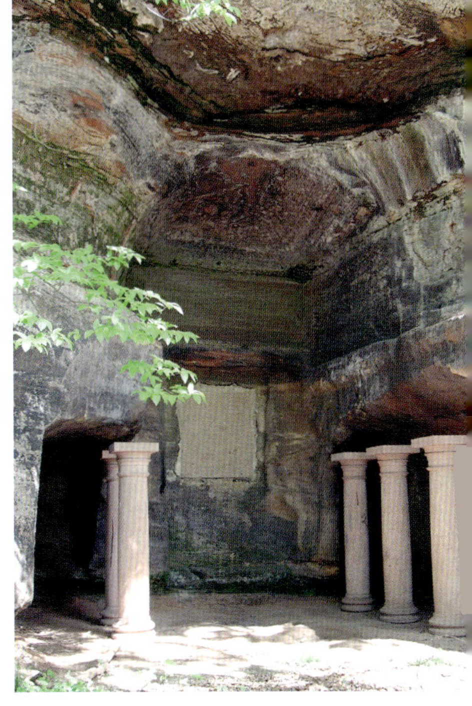

Die Mithras-Grotte auf dem Halberg.

i

Der Mithras-Kult stammt aus Persien und gelangte mit den römischen Legionären ins heutige Saarland.

Diese Religion lehrt, dass Mithras von einem Vatergott ausgeschickt wurde, um die Welt zu retten. Er wurde aus einem Stein in einer Felsenhöhle geboren, die als „Petra Genetrix" (Mutterfelsen) angerufen wurde. Mithras soll einen Stier gefangen und auf den Schultern in eine Höhle getragen haben. Dort habe er ihn getötet und geopfert. Aus dem Blut und Samen entstanden die Erde und alles Leben.

Die Mithras-Religion weist viele Ähnlichkeiten zur christlichen auf, weswegen sie von den Christen stark bekämpft wurde, als sich deren Religion im 3. bis 6. Jahrhundert im damaligen römischen Reich ausbreitete.

Nach der Christianisierung im 6. Jahrhundert wurde die Grotte zu einer christlichen Kultstätte umgewidmet. Die Grotte ist nur durch einen hohen Stahlgitterzaun von außen anzuschauen. Trotz Restaurierung ist von Mithras nicht mehr viel zu sehen.

Wir verlassen die Kultstätte nach rechts und folgen dem Waldweg, der uns nun im Halbkreis um den Halberg wieder zu unserem Ausgangspunkt führt. Da auf dem Halberg viele Maronenbäume wachsen, finden wir im Herbst viele Maronenfrüchte, die wir aufsammeln und geröstet oder gekocht zu Hause genießen können. Keine Angst! Manchmal stoßen wir auf „Mitesser". Auch Wildschweine haben Maronen zum Fressen gern und sind deshalb auch schon mal tagsüber zu beobachten. Meistens haben sie die Spaziergänger aber schon lange vorher wahrgenommen und sich ins Dickicht zurückgezogen. Sollten sie uns dennoch mal begegnen, heißt es: 30 bis 50 Meter Abstand halten und die Tiere nicht erschrecken!

Wo die Felsen rauchen

Zum Brennenden Berg bei Dudweiler

Geschichte und Landschaft des Stadtteils Dudweiler sind durch den Steinkohlenbergbau und die Industrie geprägt worden. Beide haben ihre Spuren hinterlassen, die entlang des Erlebnispfades „Industriekultur“ zu sehen sind. Ausgangs- und Endpunkt ist der Tennisplatz Dudweiler. Auf einem rot markierten Rundweg entdecken wir zahlreiche Zeugen der vergangenen Bergbau- und Industriekultur, darunter als Höhepunkt der Brennende Berg etwa zur Hälfte unserer Tour.

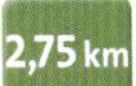

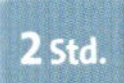

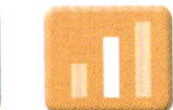
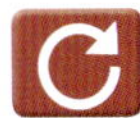

Start und Ziel:
Tennisplatz Dudweiler mit Parkplätzen

Bus/Bahn:
Bus: Saarbahnbus, Linie 103 und 104, bis Haltestelle Hirschbach, dann gleich links ca. 300 Meter die Gegenschachtstraße hoch bis zum Tennisplatz Dudweiler

Wegbeschaffenheit:
bis zum Abstieg durch die Schlucht einfacher, zunächst langsam ansteigender, dann ebener Waldweg, danach steil abfallend, aber mit festem Schuhwerk begehbar.

Wegbeschreibung

Von den Parkplätzen am Tennisplatz führt der Rundweg links an den ehemaligen Direktorenvillen der Saargruben vorbei. Sie sind stilgerecht restauriert. Im Vergleich zu den Bergarbeiterhäusern, obwohl diese für die damalige Zeit auch schon fortschrittlich waren, lassen die Villen erahnen, welch ein Luxus den Bergwerksdirektoren vorbehalten war.

Der Weg biegt nun nach rechts, vorbei an den Gegenortschächten der ehemaligen Gruben und am Bergfestplatz, wo die Bergleute jedes Jahr ihr großes Fest feierten, was ihre Nachkommen in Erinnerung noch heute tun.

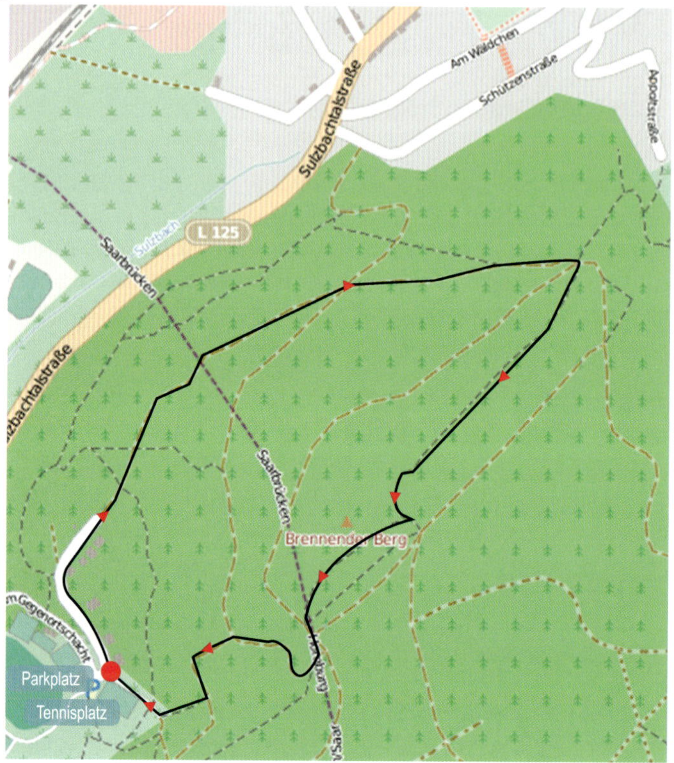

Einen guten Kilometer führt der Weg nun durch Buchen-, Hainbuchen- und Eichenmischwald. Dann trennt er sich vom Großen Rundweg (gelbe Markierung, biegt nach rechts ab, um nach etwa 130 Metern wieder nach rechts abzuknicken. Etwa 500 Meter geradeaus führt er direkt zum Brennenden Berg, zu dem man durch eine Klamm hinabsteigen muss.

Man darf seine Erwartungen auf einen brennenden Berg nicht zu hoch schrauben. Er raucht nur noch wenig. Man muss sich schon nahe an die Felsen stellen, um den Rauch zu sehen, zu riechen und die Wärme zu fühlen.

Das war in früheren Jahrhunderten bis in die 1960er-Jahre anders. Da traten noch richtige Rauchschwaden aus dem Gestein.

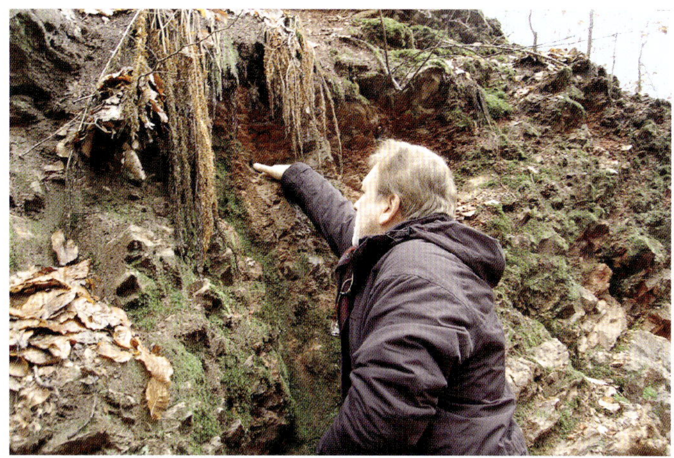

Nahe am Berg kann man die austretende Wärme fühlen.

i

Der Berg „brennt" oder besser gesagt schwelt seit 1688, nachdem ein unterirdisches Kohlenflöz in Brand geraten war. Über die Ursache gibt es zwei Theorien: Die eine behauptet, der Brand sei durch ein Hirtenfeuer in der Nähe entfacht worden. Die andere macht dafür das offene Feuer einer Grubenlampe verantwortlich.

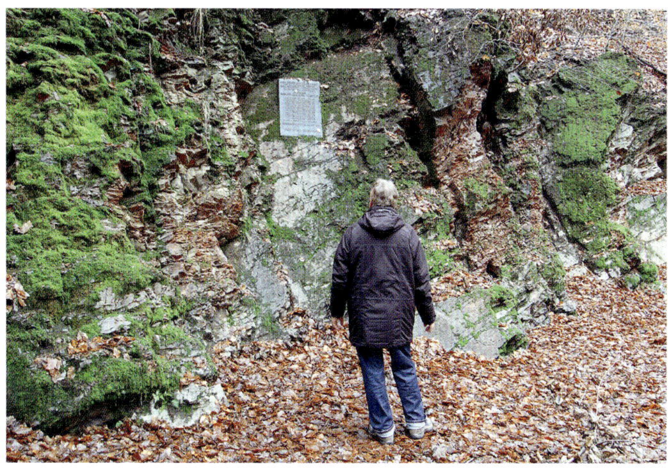

Die Gedenktafel erinnert an den Besuch Goethes am Brennenden Berg.

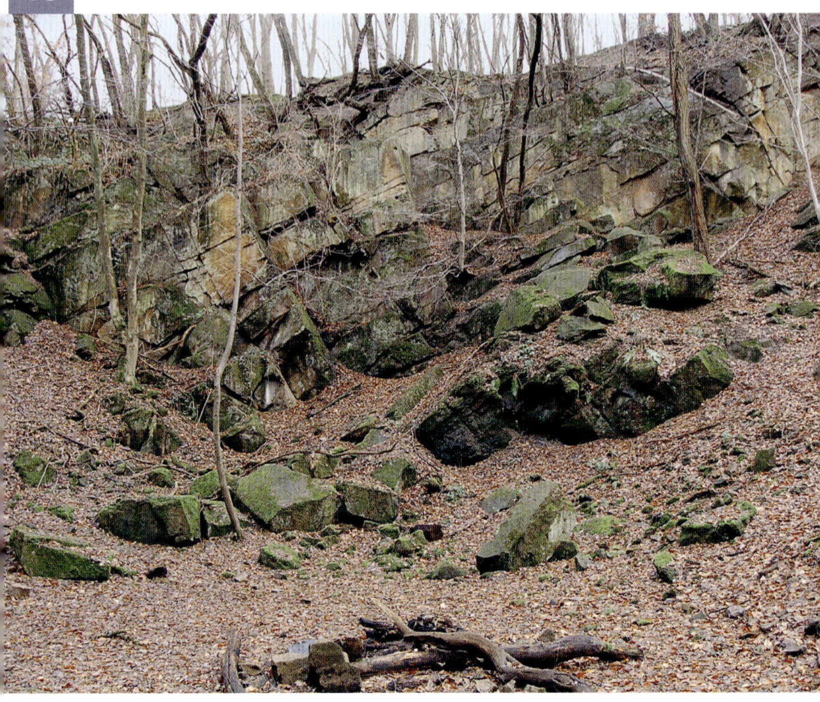

In der Klamm am Brennenden Berg.

Auch Johann Wolfgang von Goethe wollte sich den Brennenden Berg nicht entgehen lassen und besuchte ihn 1770 auf seiner Rückreise von Straßburg. Es war für ihn ein Schlüsselerlebnis, sodass er sich zeitlebens mit dem Bergbau beschäftigte. Sein Werk „Dichtung und Wahrheit" gibt darüber Auskunft.

Alte Fotos an den Stelltafeln vermitteln einen Eindruck davon, wie der Berg einst geraucht hat. Er wurde auch wirtschaftlich genutzt. Denn der darin eingelagerte Tonschiefer mit Kohle wurde durch den Brand geröstet und bildete damit die Grundlage für die Alaungewinnung. Zeitweise gab es in Dudweiler und im benachbarten Sulzbach drei Alaunhütten.

Mit etwas Glück findet man Versteinerung aus der Karbonzeit (vor 280 Millionen Jahren) mit Farnblättern oder Schachtelhalmen.

Bei schönem Wetter lädt eine Holzsitzgruppe direkt vor den Felsen zur Rast und zum Picknick ein. Bei nassem Wetter durchwandert man die Klamm, erklimmt einen kurzen Aufstieg und findet dann rechts eine geräumige, offene Schutzhütte mit Sitzgelegenheiten.

Aus der Klamm bzw. von der Schutzhütte aus geht es nach links. Nach ca. 70 Metern biegt der Weg scharf rechts ab. Für Gehbehinderte ist dieser Weg nur bedingt geeignet. Auch Kinderwagen sind dort nicht einfach zu rangieren. Wer Bedenken hat, wählt lieber den Weg geradeaus (grüne und gelbe Markierung) bis zum Parkplatz „Brennender Berg“ in ca. 1,2 Kilometer Entfernung.

Der rot markierte Weg führt steil ab in die Schlucht, einem alten, aufgelassenen Steinbruch.

Eine Wand im hinteren Bereich, in die man nicht steigen darf, zeugt noch von der Gewalt der Erdverwerfungen und der Mächtigkeit der Buntsandsteinblöcke. Die Natur hat sich den alten Steinbruch längst zurückerobert. Pionierpflanzen wie Birken, aber auch Buchen und Hainbuchen krallen sich mit ihren Wurzeln fest in das Geröll und in die Felsen. Mutterboden hat sich darüber angesammelt, auf dem sich weitere Pflanzen angesiedelt haben.

Aus der Schlucht führt wieder ein gut begehbarer und abschüssiger Weg zurück zum Parkplatz an den Tennisanlagen.

Zwei Städte, ein Weg: Durch das Grumbachtal auf den Stiefel

Von Sengscheid aus wandern wir zum keltischen Götterdenkmal, durch das Grumbachtal über den Kleinen Stiefel mit dem Fliegerdenkmal hoch zum Großen Stiefel mit seinen markanten Felsgebilden. Dabei überqueren wir zweimal die Banngrenze zwischen Saarbrücken und St. Ingbert. Vom Großen Stiefel geht es wieder abwärts nach Sengscheid.

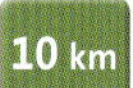

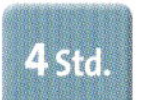

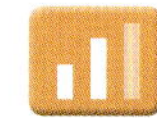

Start und Ziel:
Sengscheid, ingo-Bushaltestelle „Steinkopfweg“

Bus/Bahn:
Zug: Saarbrücken–St. Ingbert
Bus: Ab Bahnhof St. Ingbert ingo-Bus 525 oder 526

Wegbeschaffenheit:
überwiegend breite, asphaltierte und befestigte Waldwege, die auch für Gehbehinderte sowie Kinderwagen und Rollstuhlfahrer geeignet sind. Ausnahme: steiler Abstieg von den Stiefelfelsen bis auf Hauptweg in Richtung Sengscheid. Alternative: den Hauptweg vom Stiefel abwärts benutzen.

Wegbeschreibung

Von der Bushaltestelle aus folgen wir der Straße **Zum Ensheimer Gelösch**. Kurz bevor diese in einer scharfen Rechtskurve in den **Birkenkopfweg** übergeht, biegen wir links ab in den **Nesselweg** und sind schon im Wald und auf Saarbrücker Bann. Wir folgen auf einem beschatteten Waldweg der alten Grenze zwischen den Königreichen Preußen und Bayern und heutigen Banngrenze zwischen Saarbrücken und St. Ingbert. Rechts im „Bayerischen“ blicken wir ins obere Grumbachtal mit seinen

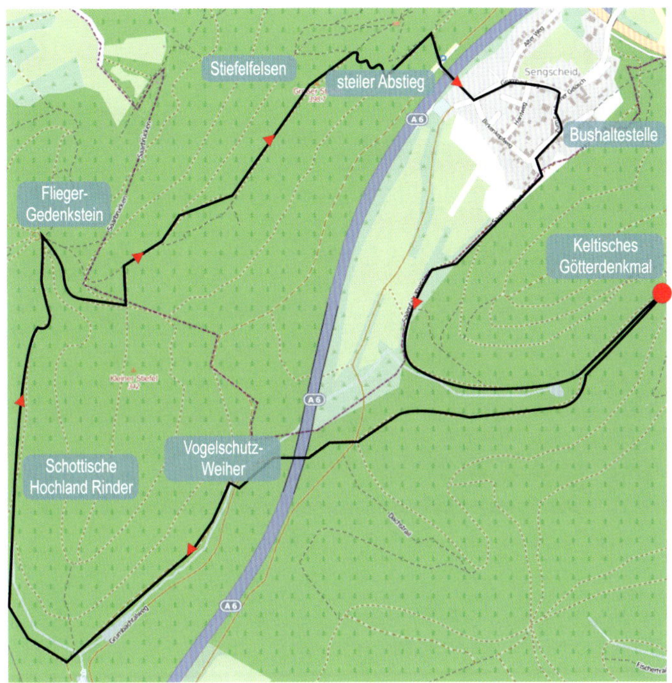

Wiesen und Weiden, auf denen Kühe und schottische Hochland-Rinder weiden. Links im „Preußischen" zieht sich Laubmischwald, der stellenweise von Fichten- und Kiefernhochwald durchsetzt ist, steil den Hang hinauf.

Nach etwa 500 Metern stoßen wir auf einen breiten Waldweg, dem wir links talaufwärts folgen. Oberhalb eines eingezäunten Teiches steigt der Weg an. Auf halber Hanghöhe gabelt sich dieser Weg. Vor uns im Hang treten Buntsandsteinfelsen hervor, die schon sehr verwittert sind. Dort entdecken wir zwei in den Felsen gehauene Figuren. Man muss allerdings schon nahe an die Felsen herantreten, um Genaueres zu erkennen.

i

Bei den beiden Figuren handelt es sich um die keltischen Götter Nantusvelta (links) und Sukellus. Nantusvelta war die Göttin der Quellen und des Lebens. In ihren Händen hält sie einen Korb

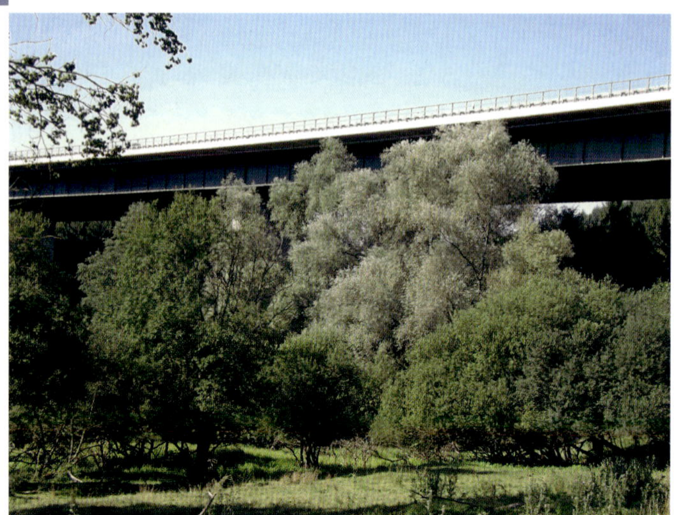

Der Weg führt unter der Grumbachtalbrücke hindurch.

mit Früchten und einen Krug. Sukellus war der Gott über Leben und Tod. Links hält er einen Kessel fest, rechts einen Hammer. Das Götterdenkmal ist im dritten nachchristlichen Jahrhundert entstanden und wird vom Volksmund „Hänsel und Gretel" genannt. Es ist schon stark verwittert.

Wir kehren den Weg zurück bis zum Teich und biegen nun links in einen weiteren breiten Waldweg ein. Auf der rechten Seite sind einige Waldwiesen angelegt worden. Dieser Weg mündet in eine Wegkreuzung ein. Wir folgen dem asphaltierten Waldweg geradeaus unter der Grumbachtalbrücke hindurch bis zum Vogelschutzweiher.

i

Die Grumbachtalbrücke ist 218 Meter Lang und 28 Meter hoch. Sie wurde Anfang der 60er-Jahre gebaut und führt die Bundesautobahn A 6 über das Grumbachtal. Inzwischen ist sie sehr renovierungsbedürftig und soll durch eine neue Brücke ersetzt werden.

Der Vogelschutzweiher wurde von Sengscheider Vogelfreunden angelegt. In ihm wird der Grumbach aufgestaut. Der Weiher bie-

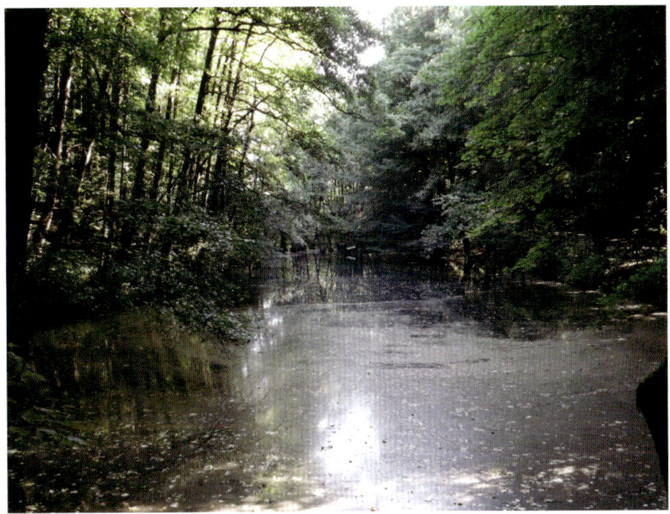

Der Vogelschutzweiher weist eine große Artenvielfalt auf.

tet vielen Vogel-, Amphibien- und Insektenarten einen Lebensraum. Eine Schautafel weist auf die Artenvielfalt hin.

Wir überqueren den Damm, folgen nun dem Waldweg rechts des Grumbaches und genießen auf den nächsten 800 Metern ein abwechslungsreiches Waldbild. Links der Auwald, durch den der Grumbach fließt, rechts steil den Hang hoch überwiegend Buchen- und Eichen-Hochwald. Der Grumbach bildet an mehreren Stellen erneut Teiche. Zum Teil sind sie durch Vernässung entstanden, zum Teil durch Menschenhand. Den zahlreichen Vogelarten, die man dort beobachten kann, wird das egal sein, solange sie hier geeignete Lebensräume finden.

Unser Weg stößt auf einen weiteren breiten Hauptweg. Wir verlassen nun das Grumbachtal und folgen diesem Weg nach rechts in ein breites Seitental. Nur wenige Meter danach stoßen wir rechts auf schottische Hochlandrinder, die hier eingezäunt weiden.

Diese Tiere werden hier gehalten, damit sie den Charakter des Seitentales als von Gehölzen weitgehend offenes Tal kosten-

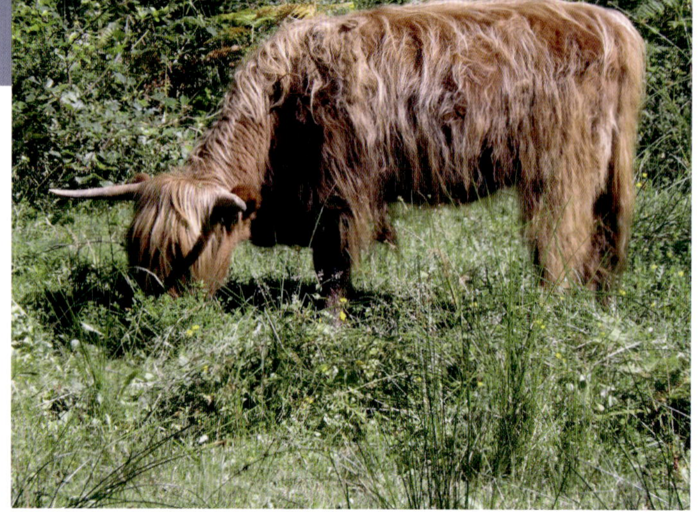

Schottische Hochlandrinder begegnen uns in einem Seitental des Grumbachtals.

günstig erhalten. Das Projekt wurde vom Umweltministerium in Zusammenarbeit mit dem Saarforst-Landesbetrieb vor über zehn Jahren gestartet und hat sich bewährt. Zurzeit weiden dort drei Rinder, die ein etwas raueres Klima und Nässe gut vertragen und, wie man sehen kann, ganze Arbeit leisten. Die Tiere sind nicht scheu, lassen sich aber nicht streicheln.

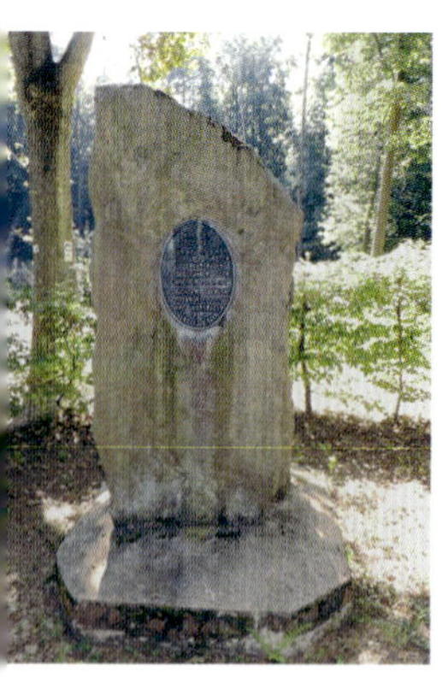

Der Fliegergedenkstein erinnert an den Flugzeugabsturz 1916.

Wir wandern das Seitental zunächst langsam, dann aber steiler ansteigend aufwärts, bis wir auf ein Plateau gelangen. Wir sind nun auf dem sogenannten „Kleinen Stiefel“. Hier münden mehrere Waldwege in einen Kreisel. Zahlreiche Sitzgruppen und eine Schutzhütte laden zur Rast ein.

Mitten in dem Kreisel befindet sich von Hecken und hohen Laubbäumen umrahmt der Fliegergedenkstein.

i Hier stürzte am 4. Februar 1916 der Gefreite Schreiber mit seinem Flugzeug ab und starb. Zu seinem Gedenken

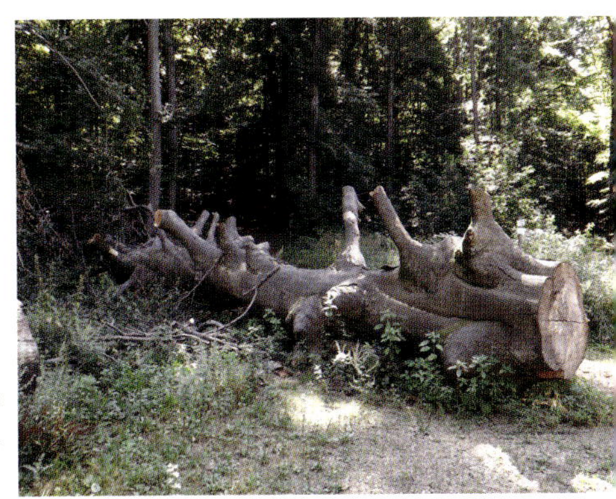

Die „Fliegersteinbuche" musste wegen Wurzelfäule gefällt werden.

hat der Aero-Club Saarbrücken diesen Stein mit Gedenktafel errichtet. Bis vor kurzem beschirmte auch eine mächtige über 300 Jahre alte Buche diesen Platz. Sie musste wegen Wurzelfäule aus Sicherheitsgründen gefällt werden. Nur noch ein Stumpf und einen Teil des weit verästelten Stammes blieben als Erinnerung zurück. Eine Tafel, die noch angebracht werden soll, wird an die „Fliegersteinbuche" erinnern.

Wir folgen von der Schutzhütte aus gesehen dem zweiten Weg ca. 400 Meter hoch in Richtung Großer Stiefel (beschildert) bis zur nächsten Wegspinne. Hier überschreiten wir wieder die Banngrenze in Richtung St. Ingbert. Etwas im Gras versteckt links von uns, entdecken wir auch einen alten Grenzstein mit dem eingemeißelten KP für Königreich Preußen nach Westen und KW für Königreich der Wittelsbacher (Bayern) nach Osten.

Dieser Richtung folgen wir geradeaus (beschildert). Mächtige Buchen und Eichen säumen unseren Weg. Etwa 300 Meter weiter steigt der Weg für ein kurzes Stück steil an und biegt dann eben nach links ab. Ein Schild weist uns auf das ehemalige Stiefeler Schloss zur unserer Rechten hin, dem wir einen Besuch abstatten.

Das Stiefeler Schloss fußt auf einer alten Höhensiedlung, die bereits während der Keltenzeit bestand. Zur Römerzeit befand

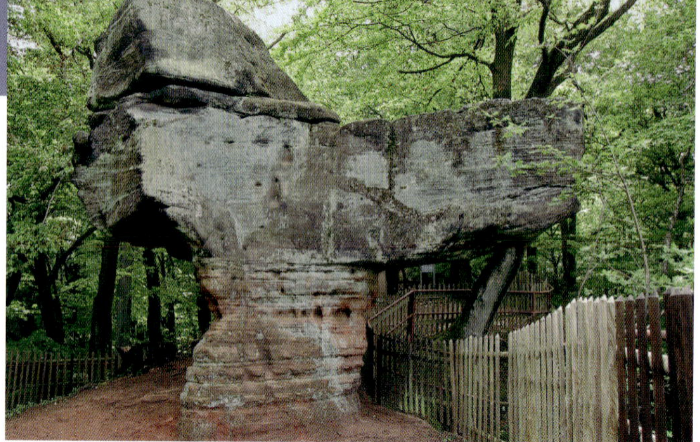

Der Stiefelfelsen ist ein Ergebnis der Erosion.

sich auf dem Stiefel eine Befestigungsanlage mit Wachturm. Im 10. Jahrhundert errichteten die Grafen von Saarbrücken eine befestigte Burg, die 1168 auf Geheiß von Kaiser Barbarossa zerstört wurde. Danach sollen dort noch Raubritter gehaust haben, allen voran der bekannteste und am meisten gefürchtete Reppert oder Schnapphahn, der durch eine List von den Saarbrückern gefangen genommen wurde und ein unrühmliches Ende fand. Von der einstigen Burg sind heute nur noch die Überreste zu sehen.

Zurück auf unserem Hauptweg wandern wir den Kamm entlang bis zur Heinrich-Kohl-Schutzhütte mit Gastronomiebetrieb. Leider ist sie heute nur noch unregelmäßig an Sonn- und Feiertagen geöffnet. Dort können wir eine weitere Rast einlegen. Sitzbänke mit Tischen stehen im Außenbereich zur Verfügung.

Nun geht es ca. 100 Meter bergab. Dieser Abstieg ist für Gehbehinderte sowie Kinderwagen und Rollstuhlfahrer nur bedingt und mit Vorsicht zu benutzen. Vor uns breitet sich nun das Stiefelplateau mit seinen beiden Felsgebilden aus.

i

Das vordere Felsgebilde türmt sich etwa drei Meter hoch und umfasst 5,8 Meter. Es ist fünfkantig und weist deutliche Spuren von menschlicher Bearbeitung auf. Der Volksmund nennt ihn „Teufelstisch“ oder „Teufelsfelsen“. Das hintere Felsgebilde hat die Form eines umgedrehten Stiefels. Der untere Teil umfasst sechs Meter.

Beide Felsen bestehen aus Buntsandstein und sind durch Erosion entstanden. Vieles deutet darauf hin, dass sich zur Keltenzeit hier eine Kultstätte befand, möglicherweise auch mit Opferung von Menschen. Der Stiefel, eines der Wahrzeichen von St. Ingbert, steht in einem engen kulturgeschichtlichen Zusammenhang mit dem Spellenstein in Rentrisch und dem bereits erwähnten keltischen Götterdenkmal.

Der gesamte Stiefelkomplex ist ein Berg der Natur, Kultur und zahlreicher Sagen. Die bekannteste ist die vom Riesen Kreuzmann, der auf dem Stiefel gehaust und ständig neue Menschenopfer gefordert haben soll. Schließlich räucherten ihn die Menschen in seiner Höhle aus. Als er sie verfolgte, stürzte er den Abhang hinunter, wo ihn die Menschen erschlugen und in einem Riesengrab am Fuße des Stiefels tief in der Erde begruben.

Der Abstieg vom Stiefelplateau ist steil und schmal. Er führt uns wieder auf einen breiten Waldweg, dem wir etwa 150 Meter nach links abwärts folgen, bis wir rechts auf einen weiteren Abstieg zum sogenannten „Stiefel-Parkplatz“ gelangen. Achtung - ab hier herrscht Kfz-Verkehr! Wir überqueren die A 6 auf einer Brücke und sind wieder in Sengscheid, wo wir links in den **Grumbachweg** einbiegen und diesem etwa 200 Meter folgen. Auf der linken Seite lädt das Gasthaus Fath mit seinem Kastanien beschatteten Außenbereich zur Einkehr ein.

Der **Grumbachweg** biegt danach scharf nach rechts ab und mündet schließlich nach weiteren 200 Metern in die Straße **Zum Ensheimer Gelösch**. Wir folgen ihr nach rechts. Bevor wir nach wenigen Minuten wieder an der ingo-Bushaltestelle angelangt sind, kühlen wir uns noch an dem alten, in einem Trog gefassten Sengscheider Brunnen auf der linken Straßenseite ab.

Weitere Bücher aus der Region

Doris Seck
Zeitreise durch das Saarland
64 Seiten, geb.,
mit zahlreichen Fotos
ISBN 978-3-8313-1138-5

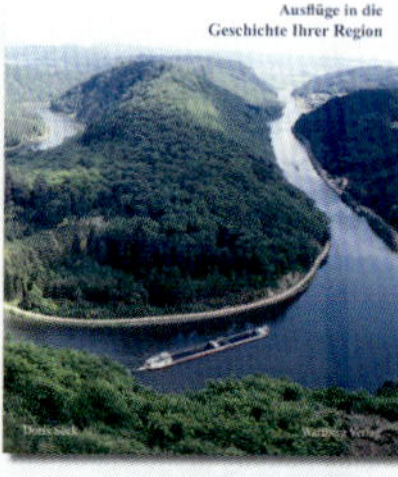

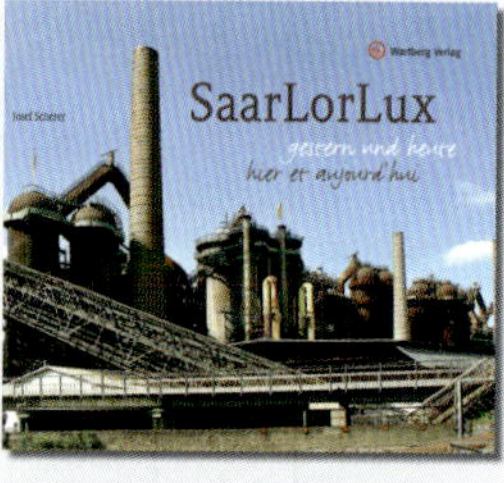

Josef Scherer
SaarLorLux – gestern und heute
80 Seiten, geb.,
mit zahlreichen Fotos
ISBN 978-3-8313-2270

Annerose Sieck
Freizeitführer Saarland
192 Seiten, geb.,
mit zahlreichen Fotos
ISBN 978-3-8313-1956-5

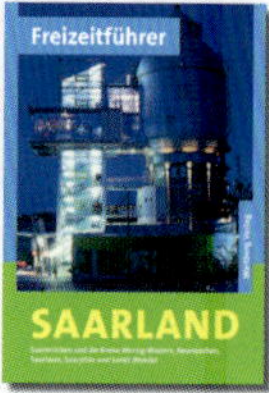

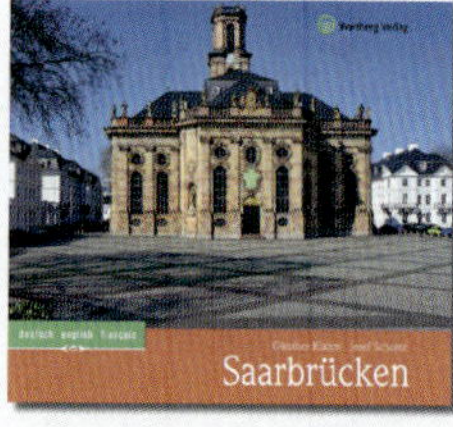

Günther Klahm, Josef Scher
Farbbildband Saarbrücken
72 Seiten, geb.,
mit zahlreichen Fotos
ISBN 978-3-8313-2498-9

Günther Klahm
„Mer hann was erläbt" – Geschichten und Anekdoten aus dem Saarland
80 Seiten, geb.,
mit zahlreichen Fotos
ISBN 978-3-8313-2088-2

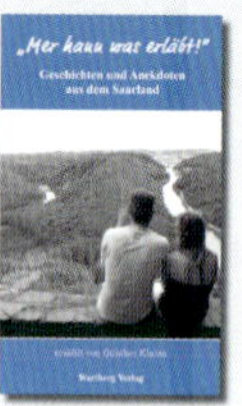

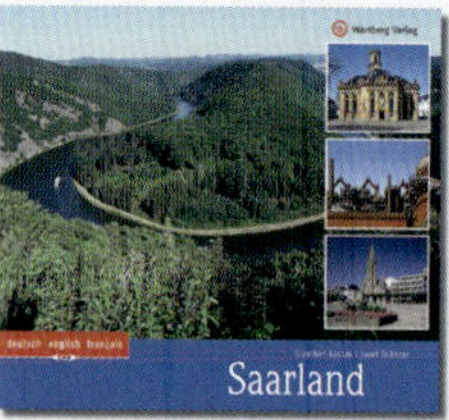

Günther Klahm, Josef Schere
Farbbildband Saarland
72 Seiten, geb.,
mit zahlreichen Fotos
ISBN 978-3-8313-2497-2

Wartberg Verlag GmbH & Co. KG
Im Wiesental 1 | 34281 Gudensberg
www.wartberg-verlag.de

Bücher für Deutschlands Städte und Regionen
Tel. 05603-93050 | Fax 05603-930528
www.kindheitundjugend.de